元気な
職場づくりに役立つ
相談事例集

人事・総務へのアドバイス

一般社団法人
日本産業カウンセラー協会 編

経営書院

まえがき

　この度、産労総合研究所から発行されている『人事実務』に2018年7月から連載してまいりました「人事で活かす相談事例」を、新たに『元気な職場づくりに役立つ相談事例集』として経営書院より出版することになりました。私たち産業カウンセラーとしては、日ごろの活動を社会、産業界に知っていただける機会を得たことに、心から感謝する次第です。

　私たち産業カウンセラーは、一人でも多くの働く人が元気に健全に職場生活を過ごせるように応援したいという気持ちで相談業務、講座、研修そして職場環境改善に取り組んでいます。
　その内容を『人事実務』に掲載するに至ったのは、働く人がどんなことで悩んでいるか、どんなことで苦しんでいるか、困っているかを人事部門、健康管理部門そして上司の皆様に知っていただくことによって、皆様の職場を元気な働きやすい職場にすることに役立ててほしいという思いからです。

　ここに掲載された相談者がカウンセラーを訪問する要因は、大きくとらえると「働く人を取り巻く環境（対人関係、組織の仕組み・制度）」「働く人の支援」に関連したことが多くなっています。またこれらの事例からは、働く人が抱える心情、思いの一部を垣間見ることができます。
　働く人と長時間過ごす経営者・上司・管理者は、働く環境に大きな影響を与えています。本書から改めてそれをご理解いただき、働

く人にとっての健全な職場環境づくりに当事者としてご努力、ご支援いただきたいと思います。

　産業カウンセラーの相談事例を参考にして一人でも多くの働く人が元気で、たくましく存在感を発揮して働き抜くことに役立つことが、私たち産業カウンセラーの願いです。

　相談内容の諸問題は日常の職場では目に見えにくい、感じにくいことも多々あります。本書を手に取っていただいた人事関係の方、カウンセラーの方が、職場の問題に関して危険を予知し、未然防止をすることを願います。そのために本書は必ず役立つと確信を持っています。

　人事部門など関係者の皆さん、私たち産業カウンセラーとともに「元気な明るい職場づくり」を実現しませんか。

　2021年5月　吉日
　　会長　　小原　　新

本書について
― 読者の皆様へ ―

　ここに収められた産業カウンセリング事例は、全国の産業カウン
セラーが現場で体験したものです。似ている事例もありますが、問
題も悩みもその方個別のものです。事例の問題や意味など重要な点
を失わないように配慮しながら、クライエントのプライバシーを守
るため、面接の時期や状況などで個人を示すようなものは修正して
います。

　本書のねらいは、

　産業現場での社員の悩みや問題を理解していただくこと、それら
の相談や対応にあたられる人事や総務、労務の皆様に、どのように
対応したらよいかのヒントを得ていただくことです。

　本書の相談事例の構成は、

　「クライエントの情報」「主訴」「カウンセラーの状況」「相談の流
れ」「人事の方へ」「各回の面談の状況」を基本としています。相談
に来られる方はどのように悩んでおられるのか、産業カウンセラー
がどのように対応しているのか、そして、人事の皆様に社員を守る
対応としてどのようなことをお伝えしたいかをまとめています。41
事例を相談の項目により分けていますので、知りたいところから読
んでいただけます。

　なお、人事部門へのカウンセラーの対応は、問題の背景や組織の
考え方等によって異なりますので、1つの参考モデルとしてお考え

iii

ください。

　本書を読んでいただきたいのは、
① 　職場の人事・労務の方、健康管理室の方、上司の方
② 　産業現場を持たない臨床心理士や公認心理師等のカウンセラー有資格者
③ 　産業現場の相談担当者でカウンセリングの勉強のチャンスがない方
④ 　カウンセリングを現在学んでいる方
⑤ 　働く現場やご家族のことなど、さまざまな悩みを抱えておられる方
です。
　産業現場で起こっている問題や悩み、それにどのように対応するか、職場としてどのような予防対策が取れるのか、カウンセリングの多くの事例に触れて相談への対応力を身に着けていただきたいと思います。また、悩みを感じる方にも、こんな相談をしていいのだと気楽に相談室を利用するきっかけにしていただきたいと考えます。

　本書を通じて産業カウンセリングの現場対応について知っていただき、相談対応力の向上に役立てていただきたいと考えます。カウンセリングのモデル事例についてご理解いただき、幅広い支援ができるようご利用いただければありがたく思います。

　　　　　　（一社）日本産業カウンセラー協会　伊藤とく美

CONTENTS

第1章

産業カウンセラーを
活用する

産業カウンセラーの具体的な活用方法

　本書を手にとられた方のなかには、産業カウンセラーに何を頼んでいいのかわからない、という方もいるかと思います。そこで、まず新入社員への支援を例に、具体的な産業カウンセラーの活用方法をご紹介します。

　人手不足が進むなか、若年者の職場定着率を上げることが人事としての喫緊の課題となっています。以下は、研修とカウンセリングを行うことで、新卒新入社員の職場定着率を上げた事例です。

新入社員全員面談の現場から

　従業員数4,000人のある企業では、2010年から毎年120人以上の新入社員に対して体験カウンセリングを実施しています。人事部と安全衛生委員会に所属する社内産業カウンセラーの協力を得て、社外産業カウンセラーに委託して行っているものです。

　新卒3年以内の離職率が高卒で約4割、大卒で約3割になる時代です。とくに新卒で入社した新入社員の1年以内の離職率は高卒で2割弱、大卒で1割を超えています。1年目こそ手厚い対応が必要なことがわかります（厚生労働省「新規学卒者の離職状況」参考）。

◆新入社員研修で、一次予防について学ぶ

　まず新入社員に対してのメンタルヘルス対策の一次予防として、新入社員研修の1コマに「メンタルヘルス研修」を導入しました。基本的にはセルフケアを中心にした研修です。社会人、職業人なら

ではのストレスに慣れて職場適応できるように、ストレスに対しての耐性の強化とストレスコーピングの方法、社内外の相談体制を伝えます。ワークでは産業カウンセラーが小グループにファシリテーターとしてついて、集合研修でありながら個別研修の効果も上げられるように工夫しました。

◆体験カウンセリングを新入社員全員に実施

次にカウンセリングに対する敷居の高さを下げる目的で、新入社員全員に体験カウンセリングを実施しました。

【時期と方法】

時期は、ゴールデンウイーク明けから8月にかけて。時間は通常のカウンセリング時間の半分で、1人30分です。2年目からは、少し気がかりな新入社員には、さらに手厚くフォロー面談を12月から1月にかけて実施するようになりました。

初年度の面談で、学生から社会人へ、また職業人へとなる意識が低い（大卒より高卒のほうが低い）ことが判明したため、その後はキャリア視点と教育的カウンセリングの色が濃い面談をするようにしています。

◆体験カウンセリングの内容の分析と対応

カウンセリングを実施したところ、新入社員のタイプは、3群に分かれました。

①**自己効力感喪失型**…周りのだれかと比べて自分はできないと負のスパイラルに入ってしまって、自己効力感をもつことができない。

その結果「自信がない」→「わからないことが聞けない」→「仕事ができない・遅い」→「怒られる」→「怖い」→「緊張する」→

「失敗する」→「怒られる」の繰り返しで辞めたいと思うように。

　しかし「早く仕事を覚えたい」「早く仕事ができるようになって迷惑にならないようにしたい」という発言が多かったのが印象的でした。

〈**対応**〉カウンセリングの継続：新入社員の話を傾聴しながら、「できたこと」は何かを聞き、そこに焦点を当てました。

②**コミュニケーションに苦手意識型**…うまく話せないと思っているので周りに溶け込むことができず「NO」と言えない。自分の能力を発揮できていない。

〈**対応**〉カウンセリングの継続：挨拶トレーニング。自分の気持ちを素直に表現できるようになるアサーション*トレーニング。自己開示のコツと方法について具体的に指導しました。

③**ワークエンゲイジメント型**…周りの人もみんないい人で仕事が楽しくてしかたがない。仕事が好き。

〈**対応**〉これからのキャリアデザイン・キャリアパスについて考えてもらいました。

◆フォローカウンセリングの結果

　気がかりだった新入社員に対して行った、フォローカウンセリングの結果としては、入社から８カ月、適応組と不適応組の差が大きくなっていました。また、辞めることを決めてしまっていたケースがあり、もう少し早く面談したかったと思うこともありました。

　「仕事に慣れて楽しくなってきた」「仕事が面白い」という積極的な取組姿勢をもっている人に共通するのは、上司や先輩に認めてもらった、褒められたという経験をもっているということだと感じました。

◆研修および体験カウンセリングの効果

　これらの取組みの効果として、職場定着率を上げることに成功しました。

　とくに新入社員にとっては、上司や先輩からの声かけ、褒められることが重要です。せっかくみつけた金の卵を活かすも殺すも周りのサポート、かかわり方次第です。これには経費が発生しませんのでぜひ実践してください。

　とくに身近な上司には「若者の取説」研修がおすすめです。上司が若者の話を聴けるようになることで、世代間ギャップが縮まり、職場定着率が上がります。また「相談できていたら辞めなかったかも……」という声に出会うたびに、気軽に相談できる場所を社内外に設け、周知する必要があると感じています。

◆産業カウンセラーの活かし方

　ご存じのように産業カウンセラーは「メンタルヘルス対策への支援」「キャリア形成への支援」「人間関係開発・職場環境改善への支援」という３つの領域で活動しています。職場の心の困り事には、ほぼすべてに対応できる範囲です。

　また、2018年４月から始まった第13次労働災害防止計画の目標のなかに、「仕事上の不安、悩み又はストレスについて、職場に事業場外資源を含めた相談先がある労働者の割合を90％以上／メンタルヘルス対策に取り組んでいる事業場の割合を80％以上／ストレスチェック結果を集団分析し、その結果を活用した事業場の割合を60％以上」があります。職場環境改善を最も早く進めるには、社内に産業カウンセラーの有資格者を増やすことです。この事例は、社

内の産業カウンセラーが通常の相談を受けており、スーパーバイザーとして社外産業カウンセラーを活用しているからこその成功事例だと思います。

＊　アサーション（assertion）：相手の立場を尊重しながらも、自分の意見をしっかり伝えるコミュニケーションスキル。

第2章

「働く人の電話相談室」より

「働く人の電話相談室」結果報告より

　本書では、産業カウンセラーが現場でかかわった個別の相談事例を紹介していきますが、この第2章では、「働く人の電話相談室」からみえてきた、相談内容の全体像を紹介していきます。

▌産業カウンセラーとは

　産業カウンセラーは、働く人と組織を支える心の専門家です。メンタルからキャリアまで、働いていて困ったらまず相談するのが産業カウンセラーです。心の健康の一次窓口ですね。たとえば、「部下のモチベーションが上がらない、管理職として自信がなくなった」「子育てで仕事を続けるのが難しい」「先行きが不安だ」など相談は多岐にわたっています。また産業カウンセラーは個と組織への支援という点で、ストレスチェック制度の指針においても、心理職として補足的な面談や高ストレス者対応、集団分析後のいきいき組織づくりのアドバイザーとして活躍しています。

　以下、産業カウンセラーの役割や日本産業カウンセラー協会で実施している「働く人の電話相談室」の結果報告からみえてきたことについてお伝えします。

1　働く人の本音が見える電話相談

　日本産業カウンセラー協会は、日本労働組合総連合会（連合）と協力して、2007年度から毎年「世界自殺予防デー」（9月10日）に

合わせて「働く人の電話相談室」を開設してきました。自殺総合対策大綱が初めて策定され、自殺者数が9年連続3万人を超える状況にあった2007年度当初の相談内容は、職場の問題とメンタル不調などの心の健康に関する相談とでほぼ半数を占めていました。ところが翌2008年度にはキャリアに関連して生き方に悩む人が増え、ハラスメントの事例も増え続けてきました。

また雇用者総数に占める女性の割合が増加するとともに2011年度に初めて女性の相談者数が男性を上回り、それ以後は女性からの相談のほうが多くなりました。

2　第10回「働く人の電話相談室」結果から

ここで、第10回「働く人の電話相談室」(2016年度) の統計結果からみえてきたことを紹介します。相談内訳をみると2007年度以降10年間、毎回「職場の悩み」についての相談が最も多く、2016年度は全体の35.2%を占めていました。そこで「職場の悩み」を精査し、とくに件数の多い「人間関係」(39.8%) と増加著しい「ハラスメント」(29.3%) について内容を分類し、データ集約しました。

データ集約の結果、「職場の人間関係」「ハラスメント」の悩みの原因は上司と答えた人が52.7%と半数を超えています。次いで、「同僚との関係性について」が26.6%を占めています。ただし、男性は上司との人間関係に悩み、女性は同僚との人間関係に悩むという性差が出ています (**図表1〜4**)。

図表1 「職場の悩み」相談内訳

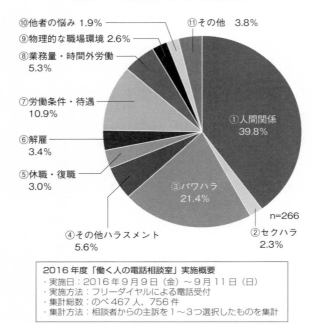

⑩他者の悩み 1.9%
⑪その他　3.8%
⑨物理的な職場環境 2.6%
⑧業務量・時間外労働
5.3%
⑦労働条件・待遇
10.9%
⑥解雇
3.4%
⑤休職・復職
3.0%
④その他ハラスメント
5.6%
①人間関係
39.8%
③パワハラ
21.4%
②セクハラ
2.3%
n=266

> **2016年度「働く人の電話相談室」実施概要**
> ・実施日：2016年9月9日（金）～9月11日（日）
> ・実施方法：フリーダイヤルによる電話受付
> ・集計総数：のべ467人、756件
> ・集計方法：相談者からの主訴を1～3つ選択したものを集計

資料出所：第10回「働く人の電話相談室」結果報告。図表5まで同じ。

図表2 「人間関係」「ハラスメント」男女別相談件数

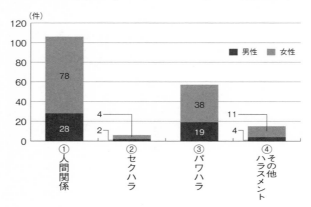

（件）

■男性　■女性

①人間関係　78 / 28
②セクハラ　4 / 2
③パワハラ　38 / 19
④その他ハラスメント　11 / 4

図表3　ハラスメントの内容

ハラスメントが疑われる事例

- ●「生意気」「給料どろぼう」「バカヤロー」「能力が無い」「あっちに行け」「何もするな」「信用できない」「もうお前は要らん」「人生終わらせてやる」「おとなしく言うことを聞け」「もう来るな」「辞めて結構」「殺してやる」「精神的におかしい」「狂ってる」
- ●深夜までの長時間労働・サービス残業を強制させられている。
- ●休日も仕事の電話。週1回の定休日以外にある月2回の休みを取らせてもらえない。
- ●パワハラを訴え配置換えされた後に導入された人事評価で不当に評価を低くされた。
- ●会社から誓約書の署名・提出を強要され、給与カット、各種手当やボーナス不支給を告げられた。
- ●挨拶しても無視され、2人きりだと怒鳴る。機嫌が悪いと舌打ちをされる。
- ●育児休暇後「時短勤務」を理由に関連会社へ出向させられ、その後も本社に戻れない。
- ■「再婚したら」「2人目も産んだほうが良い」「ババアはいらない」「もっと若い女性社員ならいいのに」
- ■「能力が低いからパートとしてならいいが、正社員としては戻ってもらわなくていい」
- ●仕事でミスをすると脚を蹴られる。
- ●職場の同僚からストーキングされ自宅を知られた。更衣中の覗きがあった。

図表4　「人間関係」「ハラスメント」の悩みの原因は誰？

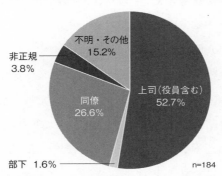

不明・その他 15.2%

非正規 3.8%

同僚 26.6%

上司（役員含む） 52.7%

部下 1.6%

n=184

※『職場の悩み』のうち①職場の人間関係、②セクハラ、③パワハラ、④その他ハラスメント、の4項目については、悩みの対象について聞き取り調査しており、その結果をまとめたものです。図表5も同じ。

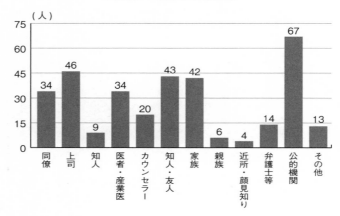

図表5　悩みの相談相手

（人）

- 同僚 34
- 上司 46
- 知人 9
- 医者・産業医 34
- カウンセラー 20
- 知人・友人 43
- 家族 42
- 親族 6
- 近所・顔見知り 4
- 弁護士等 14
- 公的機関 67
- その他 13

3　SOSへの対応

①相談相手は公的機関が最多（2016年度）

　職場の悩みを相談する相手として、2015年度までは上司や家族よりも同僚や友人・知人に相談するという回答が多かったのですが、2016年度は公的機関が最多で、その次に上司に相談するというケースが多くなっています（**図表5**）。

　ハラスメントと人間関係とを分けての結果ではないので、悩みの種類によって相談相手は違うとは思いますが、公的機関が最多という結果は、愚痴レベルや穏便に済ますといった関係性を超えており、具体的な改善結果を求めている、あるいは組織に対して信頼感を失っており、訴えることを意識しての行動化とみることもできるのではないか、と思われます。

②　おおいに惑う40代に向けて

　年代別に相談者をみると40代が多く、とくに男性はキャリア、生き方で悩んでいます。2016年度は男性からの相談は40代が突出して

多くなっており、この層の相談の特徴として、他の世代との違いは「自分自身」の「生き方」に関する相談が多いことがあげられます。

　まさにレビンソンの「中年の危機」*です。

　発達段階の移行期の「キャリア・トランジション」（節目、キャリアの転換期）においては、主体的なキャリア選択や自分自身の価値観、キャリア形成の方向性についての認識が重要であることから、まずはキャリアコンサルティングを受けてもらいましょう。

4　コロナ禍での「働く人の電話相談室」結果から

　さて、2020年はコロナ一色のなか、懸命に自他の命を守り、なんとか経済活動を続けるべく工夫を続けた年でした。第14回「働く人の電話相談室」には、新型コロナウイルスの仕事と心への影響について多くの相談が寄せられました。顕著だったのは「職場の悩み」（36.6％）、「キャリアに関する悩み」（24.4％）の２点で６割を占めたことです。とくに「キャリアに関する悩み」の項目では「就職・転職・退職」が52.0％と最も高く、コミュニケーションの取りにくい環境下での相談相手は知人、友人が倍増し、次に上司と、身近な存在が支えになっていることがわかりました。自殺者数が11年ぶりに増加し、特に女性の自殺者が増えたことを裏付けるように、2020年には女性からの相談が初めて６割を超えました。

　寄せられた相談には、新型コロナウイルスの感染拡大をきっかけに「閉じこもりがちになった」「仕事が見つからない、減った」といった声が多く、新型コロナウイルスによって、期待していなかったことが起こる人生の転機に翻弄されている姿が浮かびあがってきました。

　このようなコロナ禍という人生の想定外の出来事によるキャリ

ア・トランジションには、不安に寄り添い、傾聴しながら危機介入的なキャリアコンサルティングが必要です。

「人材開発支援助成金」の検討をお勧めします。

●定期的なキャリアコンサルティングを実施し、一般訓練コースで社内に産業カウンセラーや国家資格のキャリアコンサルタントを育てましょう。

　「キャリア・トランジション」をうまく乗り越えることでレジリエンスが高まり、成長します。管理職として組織の継承に力を発揮する人財育成の機会としてご利用ください。

　本章では電話相談を事例としてご紹介しました。いきいき元気な職場づくりには、職場で安心して本音が吐き出せるシステムの導入が必要です。電話相談、SNS相談、キャリア・メンタル相談室やオンライン相談に加えて気軽なしゃべり場も有効です。
　次章から、具体的な相談現場での対応事例について、企業人事部門との連携も含めて紹介していきます。

＊　「若さと老い」「破壊と創造」「男らしさと女らしさ」「愛着と分離」など、自己内部の葛藤だけではなく外界との葛藤も発生する厄介な時期。

大火事にしない**ポイント!**

・・・

●SOSのサインを聞き逃さない。しっかり傾聴

「困っているんです」「嫌なんです」こんな訴えを丁寧に聴きましょう。言葉の背景にあるわかってほしい気持ちを受け止め、本当に訴えたいことを言ってもらえるように聴いてください。

●相談に対しては「迅速に対応」

相談者は勇気を出して訴えたのです。すぐになんとかしてくれることを期待しています。無為に1日でも延ばすことは組織への不信感につながります。

●予防は土壌改良(職場環境改善)から

人間関係の悩みやハラスメントの事例の原因は日ごろのコミュニケーションのあり方です。図表2からわかるように特に女性が敏感です。言い方ひとつがパワハラに、言い方ひとつで人間関係が改善します。根底は人権尊重ですが一緒に働く仲間を大切に、ちょっと思いやりをもって親切にやさしくする、それだけです。仕事が忙しいときにやさしく対応したから効率が落ちるわけでもなく、むしろ気持ちに余裕がもてて作業効率はアップします。図表3のような言葉が聞こえるような職場では安心して仕事ができません。

第3章

職場環境問題

1 職務内容不適応で出社困難

相談者 Aさん ｜ 女性　20代後半　既婚　四大卒業後、総合職として大手製造業会社勤務。現在は、総務部で文書の処理が主な仕事。

主訴 ｜ 経理部から2年前に異動したが、希望と異なる異動で、モチベーションが保てない。夏風邪を引いた後、すっきりしない。このところ、朝がつらくて、休んでしまうことが続いている。毎日、仕事に来るのがつらい。

▌相談室から

　Aさんは、休みがちで有給休暇も残り少なくなり、不安になったので自ら産業医を受診。体調にはこれといった問題はなく、カウンセリングを勧められて来室しました。

　ショートボブのヘアスタイルと適度にトレンドを取り入れ調和の取れたシャープな印象を与える服装。照れ笑いのような曖昧な表情で席に着きました。

　「私、終わったと思ったんです。総務なんかに配属されて。この2年、ずっとモチベーション上がらなくて」と話し始めました。入室時のすっきりとした印象とは異なり、席に着くと両腕で机にもたれかかるようにして、上目遣いで現状への不満を話します。

　「総務に異動する前は経理で、入社時の希望は営業でした。入社説明会のときは、女性も営業職として活躍できると聞いていたの

に。経理部のときは、細かいことを言うしつこい上司で、まるでパワハラ。早く替わりたくて、やっと異動を認められたら、こんどは総務部。文書処理は暇なので、同僚のくだらない雑談が耳についていらいらするし、今度の上司は仕事ができない人で、すごく簡単なエクセルの表の修正とかも自分でやらない。私に説明している間に自分でやったら早いのに」とも。そして「ここはみんな暇で、経理部と違って残業はない。本当は営業で、ばりばり働きたかったのに、やりがいのない、すぐ終わってしまう仕事」と、やりがいを感じられなくて、モチベーションが上がらない、仕事に対して目的意識がもてない状態であることがつらいと話します。

　「このまま、やりたかったことをさせてもらえないかもしれない」と言うので、「不安になるの？」と聞くと、

　「プライベートは幸せだから、不安は感じていないと思う。好きな人と一緒に暮らせているし、残業がないからご飯も作れる」と言います。「プライベートが充実しているのはいいですね」と支持すると、少し心を開いてくれた様子。

　「モチベーション上がらないからってサボっているわけではなくて、やるべきことはさっさとやっています。でも、それだけではつまらないので、土、日に毎週ではないけれど、趣味の勉強もしています」と誇らしげに話します。

　「仕事はさっと片づいて、へとへとにならずに済むのは、この職場のいいところではないでしょうか？　でも、仕事はもの足りないのですか？」と聞くと、

　「仕事はお金のためと割り切って我慢してやっている」と、少し投げやりな口調で言います。お金をいただく、生活基盤を維持する大切さを伝え、認知を変えてみるリフレーミング辞典をネット検索

し見せました。そのうえでワーク＆ライフバランスの考え方も伝え
てみると、

「うーん、私、それなりには幸せなのかも。それなのに毎日、不
満そうな顔して、ぶつぶつ愚痴いって、感じ悪いですよね。これじゃ
希望を出しても営業に引っ張ってもらえない」と、現状に気がつ
き、聞く耳ができてきました。そこで、新人教育としてジョブロー
テーションがあること、いずれ営業職として対外的に会社の顔にな
ることを考えて、専門領域以外のことを知るためにも、他部署とつ
ながりの多い総務に配属されたのでは？　との私見を伝えたうえ
で、営業職へのキャリアパスをイメージしながら、今後のキャリア
デザインを次回、話し合うことにしました。

　次回は２週間後を約束しましたが、「毎日それなりに会社に来て
仕事もできているので、大丈夫そうです」とキャンセルの連絡があ
りました。

　２週間後のキャンセルは企業内カウンセリングルームでは、まま
起こることです。理解力のある相談者は、ジョブローテーションや
この会社のキャリアパスについて知ることにより、現在の毎日の仕
事に自分なりの意味を見いだせた様子です。カウンセラーとしては
もう少し、キャリアデザインまで見立てる計画を立てますが、相談
者は毎日がつらくなく仕事を続けることができるようになると一応
の満足を得て、問題解決となり仕事場に戻っていきます。カウンセ
ラーとしては、これも元気で働いていただくお手伝いと考えるよう
にしています。

▌人事部の方へ

　人手不足の時代を迎え、若手社員の定着には一方ならぬ配慮がな

されているようにも思います。たとえば、新人育成のために、さまざまな職場を経験させるジョブローテーションをすることもあるでしょう。しかし、この相談者にはその意図が伝わっていなかったようです。また、これまでかかわった上司の方々もプレイングマネージャー的な「見て覚えて」というかかわり方で、明確な人材育成ビジョンをもっていなかったようです。

　産業医がカウンセリングを勧めてくれなければ、休みがちのまま、会社に来なくなり、退職となる事例でした。メンタルヘルス不調で早期離職をしている若手の例には、企業の人材育成ビジョンと目的が明確でないか、本人には伝わっていないことからの将来不安が原因であることがあります。また、実施体制の不備のため、毎日の仕事から将来像を描けない傾向が多くみられます。企業の側も、変化の速い時代に明確なキャリアスケジュールを提示するのは難しいことかもしれませんが、やる気をもって入社してきた若手の向上心に応える体制づくりは、社員の定着とモチベーションをアップさせるためにとても重要です。

〈カウンセリングの経過〉　　CL：クライエント　CO：カウンセラー

産業医を受診　　　　　　　　　　　　　　　○年10月中旬

　朝、会社に来ることがつらく、休みがちの自分に不安を覚えて、産業医を受診。問診と、検査の結果には異常値はみられなかったので、カウンセリングを勧められる。

初回カウンセリング　　　　　　　　　　　10月下旬60分

　CLは困り果ててカウンセリングを受けるというより、いわれたから来ましたという人ごとのような話し方で始まった。

同僚、上司、仕事の不満を言い続けるのを傾聴するなか、「残業がないので、ご飯を作れる」と現状のよいところも出てきたので、COは「プライベートが充実できている」と支持をした。CLは「お金のため」とさげすんだように言う。COからは、認知を変えるリフレーミング等を伝える。CLから「忙しすぎないから、趣味の勉強も続けているし、好きな人と結婚できて、私は幸せなのかもしれない」、「膨れっ面でいると、感じ悪いですよね」などの気づきがあった。

2　職場のストレス源への対応

相談者Aさん	男性　20代前半　高卒　独身寮住まい　電気部品の生産管理担当
主　訴	遅くまでの残業が続きダウン。4カ月休職後復職。産業医からカウンセリングを受けるように言われた。なんとか以前のように元気に働ける自分になりたい。

▌相談室から

　軽いうつ病と診断され4カ月間の休職後、産業医からカウンセリングを受けるようにといわれて来室。少し身なりが乱れている感じでしたが、表情は普通。仕事は、顧客である大手企業を担当してい

る営業のＢさん（Ａさんより20歳ぐらい年上）から、製品の受注が
あると、発注数、納期の連絡を受け、それに基づき生産計画を立て、
生産部門に製造を指示・調整、出荷指示、出荷確認などをしている
とのこと。「今日は身体がきつい……」と話し始めました。

　「営業のＢからくる注文はいつも厳しい日程なのです。Ｂは会社
の生産能力や状況を知っていながら、上から目線で命令する感じで
いつも腹が立つし、いらいらしてしまいます。自分は自分の考えや
思いを伝えることが少し苦手なので、いつも言われっぱなし。上司
に、もう少し営業担当のＢに、会社の状況も加味した折衝をお願い
してほしい旨を頼んでもＢは取りあってくれません。担当している
製品は会社で一番売上げに貢献しているものだから、我慢しなけれ
ばと思って短納期に挑戦してきましたが、自分が社内の各所との厳
しい調整作業をする役になってしまっています。残業で夜の12時を
超えるような状態が長く続き、ここ１年くらい、睡眠は３〜４時間。
時には朝になり寝ないで出勤することもありました。とうとうダウ
ンし、産業医からの指示で医療機関を受診し、休職となったのです。
これからはなんとか元気で働き続けたいです」

　その１週間後に行った２回目のカウンセリングでは、職場の雰囲
気についても話し始めました。

　「職場が嫌なんです。雰囲気が悪いので。職場のなかに１人、朝
から毎日怒鳴っている人がいて、自分には関係ないのですが、嫌な
空気になっています。怒鳴られる人は、仕事ができない人らしく、
立たされて、長々と大声で説教されています。自分はそれが気にな
り、頭がうまく回らなくなってしまう」とのことです。

　相談終了後、健康管理を担当している看護師（カウンセラーの窓
口）が、「実はＡさんは、ここでカウンセリングを受けているＣさ

ん、Ｄさんと同じ部の従業員です（いずれもうつ状態）」と話して
くれました。

　そこで、職場の何かが影響している可能性を感じ、カウンセラー
として人事部長に相談することにしました。人事部長と相談し、現
状の、①カウンセリング制度開始後３カ月間の相談者の約８割が三
次ケア（病気になった相談者の職場復帰支援）であること、②とく
に相談者数の多い部署があること、について対策を話し合い、守秘
義務等を考慮して不調者多数の部署だけでなく、全管理職を対象に
した研修を実施しました。

　これまでは一次予防関係の研修だったのですが、今回は管理職を
対象に、いままでと違うグループワーク式の研修（二次予防のライ
ンケア中心）としました。

　具体的内容は、「うつ状態から自殺に追いやられた従業員の事
例」（判例を基に、事業所の状況に合わせて作成）とし、「あなた
だったらどの時点で、どのような行動をしますか？」という内容の
グループワークを実施、検討後グループ発表などを行いました。

　管理者からは、「管理職同士、親近感を高めることができた」「ど
の時点でどんな行動をとるかによる違いが大きく、自分の考えを見
直した」「改善する点、方法も人それぞれの意見があり、それを利
用できる」などの感想がありました。

　Ａさんとは、その後もカウンセリングを続け、仕事量を調整した
り生活リズムを整えることに取り組み、徐々に元のように仕事を
し、精神的にも安定するようになりました。

▋ 人事の方へ

　安全管理等で利用している、「ハインリッヒの法則」（１件の重大

災害の背景には29件の軽傷事故と、300件の「ヒヤリハット」がある）は、メンタルヘルスに適用できないかもしれませんが、今回研修のなかで、この法則の話をしたところ、皆さんに理解してもらえたようです。人事として職場で何が起こっているかを把握するシステムを補強していただきたいと思います。

　働く人たち個人では取り除けないストレス源も多くあります。その意味でも、管理者の存在はとても大きいのです。カウンセラーはカウンセリングを通して、働く人たちや職場の状況をある面から理解できる立場にあるので、カウンセラーとの情報交換も現状のメンタルヘルス検討の１つの視点として役に立つのではないかと思います。

〈カウンセリングの経過〉　　　CL：クライエント　CO：カウンセラー

初回　　　　　　　　　　　　　　　　　　２月○日

　軽いうつ病と言われ、４カ月休職。復職し、２週間は半日勤務。これまでの仕事の状況などを話す。

２回目　　　　　　　　　　　　　２月○日（＋１週間）

　少し慣れてきて身体もついてきている。仕事量は以前の50％程度にしてもらっているが、全体のことも気になり心配もする。現在の自分のことについて上司がどう思っているのか不安、などと語った。

３回目　　　　　　　　　　　　　２月○日（＋１週間）

　半日勤務を２週間延ばした。生活リズムはだいぶ慣れてきた。休日は、疲れて寝ていることもある。COはCLの傾向について、怒られると何も言えなくなること、何か言われると暗示

にかかりやすいことなどを整理した。また、大人とのコミュニケーションに慣れていないところがあるので、自分で考え、伝えることができるよう具体例を出しながら、アサーション（自己表現）トレーニングを行った。

4回目　　　　　　　　　　　　　　3月○日（＋2週間）

　フルタイムになった。前と同じ仕事をしている。営業とのかかわりは上司が担当し、その他は自分が担当している。上司がBに対して何か行動を起こしてくれるかもしれないが、どうかわからない。仕事量は、少なめで、自分にはよい。いずれ全部やることになる。ここで仕事量を減らす策を考えるつもり。

5～6回目　　　　　　　　　　　　　3月○日～△日

　睡眠OK、食事もOK、生活についてはとくに感じるものはない（しかし、なんとなく覇気がない感じがした）。あれから仕事量が少し増えた。職場には嫌な人もいるが、その人たちを避けている。頭では仕事をやりすぎた感がある。「ここまで」と決めれば、定時で帰ることもできると思う。

7回目　　　　　　　　　　　　　　4月○日（＋2週間）

　仕事量が増え、気分がすっきりしない。元のようになるとまた休むことになるので、自分としては、全部はやりたくない。自分の休みが大事、優先する。

8回目　　　　　　　　　　　　　　4月○日（＋1週間）

薬を飲むのを勝手にやめていたが、いまは飲んでいて元気になった。＜薬の役割と注意を伝えた＞

9〜13回目 　　　　　　　　　　　　　　5月○日〜7月○日

同期の人よりも重い仕事をしている。彼らのような仕事だったらいいなと思うこともあるし、反面、優越感もある。それが自分をやる気にさせているかもしれない。時に上司が声をかけてくれる。職場のなかで朝から毎日怒鳴っている人が最近静かになった。なんか気分が違っている感じ。最近、気分の落込みはない。睡眠はまだすこし不満足、曜日は関係ない。

14回目 　　　　　11月○日（4カ月後のフォローアップ面接）

精神的に安定している。その後問題なし。仕事は、上司の協力もあり、前よりやりやすい。（終結）

3　業務負担が重く余裕を失う

相談者
Aさん │ 女性　25歳　会社員　入社4年目　営業職
　　　　（B課長　Aさんの上司）

> 主訴 │ B課長が、目標管理の一環として行っているAさんの育成
> 面談で、Aさんが泣き出してしまった。どうも不安定な様
> 子が気になるので、カウンセラーが話を聞いてあげてほし
> い。

▌相談室から

　従業員の心身の健康のサポートのために、カウンセラーが訪問し
ている会社でのケースです。B課長から、部下のAさんのことで相
談したいことがあるとのメールが入り、直接会ってお話をうかがう
ことになりました。

　B課長によると、育成面談で業務の進捗を確認したところ、Aさ
んが急に泣き出してしまい、何かあったのかと聞いても「私には無
理です」「先輩のようにはできません」などと繰り返すだけで困っ
てしまったとのこと。B課長からは、まだ営業2年目で、とくに負
荷の高い仕事は与えておらず、最近も変わった様子はなかったと思
うが、メンタル面で問題があるなら、今後どのように接したらよい
かアドバイスがほしいと言われました。

　その3日後、Aさんとも面談しました。Aさんは、話し始めるとす

ぐに泣き出してしまいましたが、次のようなことを話してくれました。

　１カ月前くらいから、夜帰宅して一人でいると、涙が出て止まらなくなります。自分には営業は無理ではないかと思うし、みんなに迷惑をかけるのがとてもつらくて、仕事中も涙が出てしまうことがあります。
　OJT担当だったＣ先輩が別の部署に異動し、チームの編成が変わり、育児休業から時短勤務で職場復帰したＤ先輩と組んで、仕事をすることになりました。Ｂ課長からは、Ａさんも１年たったのだから、Ｄ先輩をサポートしてがんばってくれと言われました。一から自分で考えてやる業務も任されて、最初は張り切っていたのですが、段々と苦しくなってきたのです。毎日のように、Ｄ先輩が帰る４時前になるとラインやメールで仕事の確認や指示がきます。Ｄ先輩からのメールで出先から会社に戻って仕事をするときもあります。私がちゃんとできないからいけないのですが、残業が増えていきました……。

　そして、もともと優先順位をつけることやスケジュール管理が苦手で、混乱しがちであること、時には、自宅に会社のパソコンを持ち帰り仕事をすることもあるが、徐々に時間のコントロールがきかなくなり、プライベートの時間も前のように過ごせなくなっているのがつらいということ、週に１〜２度のジム通いがストレス解消だったが、会社帰りに行こうと準備をしていっても、急に行けなくなることがあり、「私って何をやっているのだろう」と思って、また泣き出してしまうこと、などを話されました。
　上司やチームのだれかに相談はしなかったのかと尋ねると、一

度、もう一人のチームメンバーに、相談しようとしたら、「いまは、
Dさんをみんなで支えてあげなきゃだめでしょ」と言われ、やはり
自分が迷惑をかけられないと思った、ということでした。

▌人事の方へ

　今回のケースは、現代の働き方を考えるさまざまな課題の複合型
ともいえるような相談です。皆さんのなかには、いわゆる「逆マタ
ハラ」という言葉を思い浮かべた方もいらっしゃるでしょう。「逆
マタハラ」とは、ここでは「産休・育休などの子育て支援制度を利
用する従業員の増加で、制度利用者以外の従業員に過度な負担を強
いること」ともいえましょう。このケースでは、Dさんに対して不
平・不満があったわけではなく、むしろサポートする周囲の意識が
伝わってきます。また、Dさんからは時短勤務をカバーし、戦力と
なれるように努力をする姿勢がうかがえます。結果として、Aさん
が不調となりましたが、上司としてどのような配慮が求められるの
でしょうか。マタハラ問題だけではなく、マネジメント上留意する
点について、以下はB課長にアドバイスしたことです。マタハラ防
止のために企業が講じるべき措置が義務化されていることも踏ま
え、ご対応の参考にしていただけたらと思います。

①ハラスメント発生の原因や背景となる要因を解消するため、業務
　体制の整備などの措置を講じることも重要である。妊娠等をした
　労働者の周囲に業務の偏りが生じないよう、適切に業務分担の見
　直しや業務の効率化を行う。

②上司が考える仕事の負荷はさほど大きくなくても、Aさんのよう
　なタイプにとっては、業務全体を自分で考えてやりなさいという
　仕事の与え方は、本人の負担度が高い。業務を細分化して、短い

タームで達成目標を示していくと、同じ量の仕事であっても負担が少なく感じられ、「これくらいなら一人でやれる」と、段階的に仕事を片づけていける。部下が負担に感じていることを理解し、気持ちを受け止めてあげる姿勢や声がけが重要である。

③就業時間外のSNS等での連絡は、受け取る側にとっては負担が大きい場合がある。できるだけ直接のコミュニケーションを大事にしていくことを部下にも伝える。

④過度な労働時間や仕事のスケジュールにより、物理的にプライベートの時間が減っているような状態が続いていないか配慮することも必要。とくに、環境や人員構成、業務分担等の変化の時期には勤怠や従業員の状態をよく観察する。今回のように、就業時間外に業務の指示がされていないかにも留意する。

〈カウンセリングの経過〉　　　CL：クライエント　CO：カウンセラー

初回

　B課長から状況を聞いた3日後にAさんと面談をし、Dさんとの関係や働き方の価値観、困っていること、睡眠や気分の状態などを聴く。

　残業が増えて、自炊をする余裕もなくなっている。朝、Dさんからその日準備することなどがSNSで入り、それを見ると早く行かなくてはと思うので、お弁当も作れなくなった。自炊とジム通いは、自分の生活を充実させるために、バランスを保つために必要なんです、とのこと。

　一番つらいのは、チームでDさんを支えていこうというなかで、自分だけが協力できていないこと。足を引っ張らないように私もがんばっていることをわかってほしいということ。

その後のカウンセリングと経過

　Ａさんには数日後、産業医面談を受けてもらい、産業医からは受診の必要はないが、２カ月間は残業制限（20時間／月）、２カ月後に再度面談との指示。上司にはその間にチーム内の業務分担等に対応してもらうためのアドバイスを行った。

　その後、Ａさんとは数回面談し、心身の健康を取り戻せるようにサポート。Ｄさんとの関係性、ライフとワークのバランス、仕事の進め方や相談行動などを一緒に考えるうちに、気持ちの余裕も取り戻し、産業医面談も終了した。

4　高ストレス者への対応

相談者 Ａさん	男性　大学卒　会社員　電気設備設計

主　訴	ストレスチェックで、高ストレス者と判定された。上司に「アスペルガー（発達障害）が原因だから精神科に行き、確認してこい」と言われたが、自分も家族も抵抗がある。

▌相談室から

　相談室と契約している会社の社員のＡさんから電話予約があり、来談。Ａさんは暗く困ったような表情をし、相談室に入ってきまし

た。相談カードに１文字１文字丁寧にゆっくりと記入し、緊張のせいなのか、丁寧なのか、来談理由の記入にだいぶ時間がかかりました。こだわりが強いのかもしれない、と感じました。この相談室には親に勧められて来たといいます。

「先日ストレスチェックの結果、高ストレス者となり、産業医に面談を申し込みました。上司からはアスペルガーだから産業医に確認するようにと言われました。しかし、親も自分も抵抗があり、まずはカウンセリングに来ました」とのことでした。上司から「病院に行け」と言われているが行かなければならないのか、病院に行くとアスペルガーの検査も受けることになるのか、と不安とともに憤りを訴えてきました。

カウンセラーがストレスチェックの活用方法が間違っていることを伝えると、「だれにも話していなかったので、気が楽になりました」と言い、ほっとしたようでした。

会社ではいつも皆の前で怒られ、１～２時間説教されているとのこと。残業もサービス残業にされ、就業中にトイレに行くときは呼び鈴を鳴らすようにいわれ、トイレにも行けない。ミスをすると課題を出され、今回は同期の女性を食事に誘えということでした。明らかなハラスメントが行われている状況です。

その後、Ａさんは産業医と面談したことで上司の対応は改善されましたが、会社に対しての不信感はぬぐえませんでした。自分の気持ちを見つめることで、１つの回答を見いだしていくことになりました。

人事の方へ

　2015年12月よりストレスチェックが導入され、戸惑いながら実施されている事業所も多いのではないでしょうか。今回はストレスチェックの間違った運用で職場内が混乱した事例かと思います。

　ストレスチェックは、病人探し、障害者探しではなく、まずはセルフケア、自分のストレスを自覚する、ということがねらいです。職場では、適応の問題等がでてきて苦労されているところもあるかもしれません。上司としてはどのように対応していくか悩ましいところかと思いますが、心の健康問題に関しては、病気を持ち出したり、診断名を言ったりするのではなく、事実を伝え対応に当たることが大切です。

　たとえば、今回の場合は「トイレに行く時間が長いね」「体調でも悪いの？」「安心できるように病院で診てもらったら？」という具合です。そこから本音を伝えてもらえるきっかけになるかもしれません。

　心の問題は症状の個人差が大きいので把握が難しいこと、すべての方が心の問題を抱える可能性があること、心の健康問題自体についての誤解や偏見があることに気をつけなければなりません。対応に苦労するようでしたら、相談することが大切かと思います。

　今回は「自立」が隠れたテーマでしたが、それを「アスペルガー」ではないかと診断名で考えてしまった上司自身が混乱した事例かと思います。直接的には上司の方の不安や対応にかかわれない契約でのカウンセリングだったのですが、相談室としては個人のカウンセリング、相談だけではなく、上司や部署、組織にも対応できると、会社としても上司としても安心できるかと思われます。

人事部としては各部署にどのように徹底して情報を伝え、対応するかも重要です。衛生委員会等でしっかり審議し、運営していきたいものです。

　メンタルヘルスケアを進めるための活動については、①セルフケア、②ラインによるケア、③事業場内産業保健スタッフによるケア、④事業場外資源によるケア、の４つのケアが継続的かつ計画的に行われるようにすることが重要、とする指針が出されています。これらの連携が要です。この体制を整備し、推進することが事業所には努力義務として求められています。また、過重労働に関しては労働安全衛生法上の事業者の義務として規定されています。

　今回の事例は、個人の性格傾向やキャリアの課題も加わった複合的な事例でした。Ａさんは、自分自身を見つめて進路を選択されましたが、ストレスチェックをせっかく行ったのですから、これをうまく活用し、快適職場をめざしてほしいと思います。

〈カウンセリングの経過〉　　CL：クライエント　CO：カウンセラー

初回　　　　　　　　　　　　　　　　　　〇年12月１週目

CL：ストレスチェックを受検し、高ストレス者と判定された。また、会社の上司に「アスペルガーだから精神科に行って確認してこい」と言われた。自分も家族も精神科に行くのには抵抗がある。親の勧めもあり、会社の当契約相談室に予約を取り、来談。いまの部署は設計で自分には合っていない。仕事ができず、毎日上司から２時間説教される。

CO：ストレスチェックの目的はセルフケアであることを説明。産業医面談は任意なので行かなくてもいいが、受診することでストレスは改善しやすい、行ったほうが無難であると助

言。アスペルガーの診断は関係ないので、上司がアスペルガー
というのは逸脱行為である。パワハラも指摘。できれば上司も
相談室に来ていただくよう伝えた。

2回目 　　　　　　　　　　　　　　　　　○年12月2週目

CL：上司からは仕事の指導もないし、専門分野も自分とは違
う。仕事ができなくて、上司に怒られる。聞かれても言葉が出
ず、うまくコミュニケーションが取れない。自分にはこの仕事
が合っていないが、「3年は続けるように」と親から言われて
いる。もともと公務員になりたかった。産業医は過重労働であ
ることを認め、上司のパワハラも認めている。上司はストレス
チェックが初めてのことであり、産業医からもろもろ指摘さ
れ、驚いている、という。

CO：仕事や上司との関係でつらい気持ちを受容し、仕事の選
択の経緯や状況の確認をする。どうなりたいのか、どうありた
いのかをCLと整理した。

3回目 　　　　　　　　　　　　　　　　　○年12月3週目

CL：高ストレスという結果が出たのは、やりたい仕事ではな
いからだ。両親に自分の気持ちを伝えた。転職に反対していた
両親だが、カウンセリングを受けているということで、しっか
りと話を聞いてくれ、転職にも賛成してくれた。上司には部署
をかわるか、辞めるか迫られている。部署をかわっても状況は
変わらないと思う。

CO：CLの傾向について、怒られると何も言えなくなること、

何か言われると暗示にかかりやすいことなどを整理した。また大人とのコミュニケーションに慣れていないところがあるので、自分で考え、伝えることができるよう具体例を出しながら、アサーション（自己表現）トレーニングを行った。

4回目　　　　　　　　　　　　　　　○年1月3週目
CL：自分の性格として、きちんと決まった規則や決め事がないと不安なので、規律がある公務員が向いている。これからは遠慮しないで自分の思ったようにやりたい。もしチャレンジがうまくいかなくても電気の資格がある。とにかくリセットし、一からやり直したい、と決意を語った。
CO：自分で判断した結果を支持し、今後もカウンセリングを継続することになった。

5　上司とのかかわりに悩む女性社員

相談者
Aさん ｜ 女性　40代前半　家族（子ども2人）　会社員

主　訴 ｜ 上司からパワハラのようなきつい態度で怒られ、毎日が憂うつでつらい。

　Ａさんは小柄で目鼻立ちがはっきりしています。社内で実施された体験カウンセリングで、以下の内容を話してくれました。

　上司（Ｂ課長）からのパワハラとも思えるような態度で悩んでいます。

　いまから１年前ぐらいに人が急に辞め、仕事が増えてとても大変でした。１カ月ぐらい毎日残業が続き、へとへとでした。子どもたちにも寂しい思いをたくさんさせてしまい申し訳なかったけれど、やっとの思いでなんとか乗り越えました。

　私が大変な状態だったことが課長の耳にも入り、「そんなに大変なら、なぜもっと早く言わなかったんだ」と怒られました。「大変だったね」というねぎらいはひと言もありませんでした。残業の原因は私のミスだと思っていたようで、その後もなにかというと私一人が悪者のように扱われてしまいます。結局私のミスではなかったとわかった時も、「あ、そう」と軽く流されて、大変さをわかってもらえませんでした。

　課長はもともと厳しい人で他の社員にもきつい言い方をしますが、とくに私には強く当たります。仕事が期日に間に合わないと私だけが名指しで注意され、もう少し続けたかった業務も、勝手に他の人の担当に変えられてしまいました。指示にはすべて「はい」と答えなくてはならなくて、文句を言ったりしたら、それこそだめなやつだと思われてしまいます。

　仕事の内容に不満はないので続けたい。これからもずっと家族を支えていかなくてはならないので、仕事は辞めたくないですし、辞

められません。

　朝、お腹が痛くなり、手の痙攣もあったので医者に行くと、異常
はないのでストレスかもしれないと言われました。

　家族の面倒もみながらやっとの思いで仕事の山を乗り越えたの
に、その苦労をわかってもらえないショックやむなしいお気持ちを
お聴きしました。職場での孤立感や家族を支えていかなくてはなら
ない責任もあり、相手にわかってほしいという気持ちが強く伝わっ
てきました。

　その後、Ｂ課長よりＡさんのことが心配なので様子を聞かせても
らえないかと連絡がありました。Ａさんの相談内容についてはお話
しできないとお断りをしたうえで、Ｂさんご自身の相談であればお
聴きすることは可能ですとお伝えしたところ、Ｂさんが来談されま
した。そのなかで、Ｂさんの上司としての悩み（ご自身の仕事への
向き合い方や部下指導についてなど）をお聴きしました。Ａさんへ
の対応についても、自分なりに考えながらやっているがなかなかう
まくいかず、どうしたらよいかわからず悩んでいたとのことでし
た。つい厳しく言ってしまうが、そこを変えたほうがよいのかを考
えている様子でした。まずは相手の話を最後までよく聞くようにし
ましょう、と話し合いました。

　ここでＢさんとも話ができたことが、その後の流れに大きく影響
することになりました。次のＡさんの面談では、Ｂさんの変化が語
られました。

　Ｂ課長の態度が変わりました。口調が穏やかになったので驚きま
した（とうれしそうな表情）。でも、いつまた元に戻るかわからな

いので不安があります。課長との面接があったので、思い切って「仕事に必要な情報が自分だけ入ってこないので、教えてほしい」と言ってみたところ、「自分から何でも言ってきてほしい」と言われました。

　自分から積極的に報告や連絡を入れ、わからないところは質問するようにしようと話し合い、質問のタイミングはどうしたらよいかなどを考えてもらいました。

　Aさんが課長に話ができたことを承認し、カウンセラーが「せっかく小さくなってきたもやもやをまた大きくしたくないですね。どうしましょうか」と問いかけたところ、「言いたいことはなるべくその場で言うようにしたいです」と話されました。

　その後も課長の態度は柔らかくなっていき、途中で遮らないで話を聞いてくれるようになり、もやもやは半分以下ぐらいになってきたとのこと。課長から「何でもどんどん言ってきて」と言われ、そうしてはいけない気もするが「はい」と答えたとのことでした。

　「何でもどんどん言っていく」ということについて一緒に考えてみました。言いたいと思っていても言えないことについて、具体的に以下の場面を想定してロールプレイで言ってみる練習（アサーショントレーニング）をしました。

・事実（だれもが認める客観的事実）
・感情（どんな気持ちか）
・要求、提案（～してほしい、～したい、～してはどうだろう等）
・結果（うれしい、助かる、仕事がしやすくなる等）

　最初は緊張してうまく言えないAさんでしたが、何回か練習を重ねていき、少しずつ自信がついていったようでした。

その後２カ月を経て、Ａさんは日々の業務に関してはだんだん自分の考えを言えるようになってきましたが、課長へのわだかまりと、子どもにかわいそうなことをしたという気持ちはまだ残っているようでした。自分の必死の努力やつらさが理解されず認めてもらえなかった悔しさ、残念な気持ち、職場での孤独感、子どもにかわいそうなことをしてしまったという思い、一つひとつを一緒に味わいながら、じっくりと気持ちをお聴きしました。

　「自分に言ってあげたい言葉は？」とのカウンセラーからの問いかけには「う～ん……よくがんばったね」というひと言が返ってきました。Ａさんのなかからわき上がるじ～んとした温かさが伝わってきました。

▌人事の方へ

　パワハラ防止法の改正（2020年６月１日）によって、事業主に対してはパワハラ防止のために雇用管理上必要な措置を講じることが義務づけられました。

　「パワハラ」に関する相談は少なくありません。ところが相談者のお話をお聴きしていくと、パワハラとはいっても、コミュニケーション不足が発展した結果であることが圧倒的に多いように思われます。この事例のように、パワハラではないかと感じている相談者だけでなく、パワハラをしていると思われてしまう上司の方も悩んでいることが多いものです。上司が部下をどのように指導すればよいかわからず、結果的には一方的な見方や考え方により部下を力で押さえつけてしまっているケースも珍しくありません。ライン研修、リーダー研修、傾聴トレーニング、アサーション（自己表現）トレーニング、コミュニケーション研修などが有効です。

今回の事例では、上司の変化が相談者に大きな影響を与えています。相談者自身が内面を見つめながら自己理解を深めていくことはもちろん大切ですが、相談者を取り巻く人や環境がいかに大きな影響力があるかということを改めて実感しました。

〈カウンセリングの経過〉　　CL：クライエント　CO：カウンセラー

初回　　　　　　　　　　　　　　　　　　　○年2月

CL：上司からのパワハラとも思えるようなきつい態度に悩んでいる。自分の努力や苦労をわかってもらえず、一方的に怒られるのでつらい。でも、子どもを育てていくために仕事は辞められない。

CO：CLの不満、怒り、残念で無念な気持ち、子どもへの思いをそのまま共感的に受け止める。

2回目　　　　　　　　　　　　　　　　　　○年3月

CL：課長の口調が穏やかになり、とてもびっくりしたが、いつ元に戻るか不安がある。課長との面談で「自分だけに情報が入ってこないので教えてほしい」と言えた。自分から何でも言ってくるようにと言われた。

CO：課長に自分の考えが言えるようになってきたことを承認する。報告・連絡・質問などがタイミングよくできるよう、一緒に考えていく。

3回目　　　　　　　　　　　　　　　　　　○年5月

CL：課長が途中で遮らないで話を聞いてくれるようになった。「何でもどんどん言ってきて」と言われた。そうしてはいけな

い気もしたが「はい」と答えた。ストレスは半分ぐらいになってきたように思う。

CO：実際の場面を取り上げ、何をどう伝えていくかについてCLに考えていただく。自分も相手も大切にした自己表現ができるようアサーショントレーニングを行った。

4回目 〇年7月

CL：課長の態度はだいぶ柔らかくなり、自分の気持ちも落ち着いてきた。業務に関しては話せるようになってきたが、課長へのわだかまりと子どもへの申し訳なさはまだ心に残っている。

CO：CLの努力やつらさが理解され、認めてもらえなかった悔しさ、残念な気持ち、孤独感、子どもへの思いなど、一つひとつをCLと一緒に味わいながら、じっくりと気持ちをお聴きした。CLは、自分で自分をがんばったと認めることができた。カウンセリングは今後も継続していこうと相談した。

6　職場から組織全体の取組みへ

<table>
<tr><td>相談者</td><td>Aさん（人事担当者）</td></tr>
</table>

<table>
<tr><td>関係者</td><td>Bさん（産業保健師）
Cさん（正社員　一般社員）
Dさん（契約社員　事務系）
Eさん（Dさんの同僚）
Fさん（Cさん、Dさんの上司）</td></tr>
</table>

<table>
<tr><td>主　訴</td><td>職場でハラスメントの問題が発生した。どう対応したらいいのか、今後の対応の仕方について相談したい。</td></tr>
</table>

▌相談室から

　来室されたAさんは、少し険しい顔つきで「どこから何をお話ししたらいいのか……」と戸惑われている様子が見られました。言葉にできるところからお話ししていただいてよいことをお伝えし、次のような内容をうかがいました。

　職場には、派遣、契約、パート等の非正規雇用の社員も多く勤務しています。そのようななか、男性正社員Cさん（職場チームのリーダー格）の問題行動から、女性の契約社員Dさんに対するハラスメントの問題が発生しました。

Ｄさんが突然一身上の都合により退職されたのですが、退職した本当の理由は、職場で嫌な思いをして仕事を続けていくことができなくなったからではないか、との情報が入ったのです。人事担当のＡさんは事実確認のため、Ｄさんの上司Ｆさんと連絡を取りながら、同僚Ｅさんからも個別に話を聞いたところ、以下の内容を聞き取りました。

　Ｄさんは、職場でＣさんから毎日のように交遊関係や休日の行動などのプライベートなことに関して執拗に質問されたり、帰り際に誘いの言葉をかけられたりしていたとのこと。毎回断るのも疲れ、無視すると、今度は仕事が遅いとか、役に立たないと暴言を浴びせられたそうです。その結果、職場に行くたびに気分が悪くなり、頭痛や吐き気もするようになったためクリニックを受診。仕事を続けていける状態でなくなったようです、とのことでした。

　Ａさんは、この件について日ごろから職場とかかわりのある産業保健師Ｂさんとも相談・連携し、Ｂさん同席でＣさんから話を聞くことにしました。Ｃさんは、自分自身の言動を素直に認め、謝罪の気持ちを語り、反省する態度も見られたので、今後の言動に十分注意するように伝え、聞き取りを終えました。

　事案としていったん区切りにはなりましたが、今後会社としてさらに何らかの対応が必要ではないかとの思いもあります。しかし、何をどう進めていったらいいのかわからないので相談に来た——とのことでした。

　「会社としての対応が必要ではないか」との思いについて、さらに詳しくお聞きすると、「ハラスメントの問題は自社では無縁だと思っていましたが、この事案が発生したことでいまさらながら身近

な問題だったと感じています。今後また発生するのではないかとの不安や焦りもあります。これまでハラスメントの問題は、管理職の業務研修の一部分で扱っていただけで一般従業員にはとくに何もしてきませんでした。これから組織全体でも取り組む必要があるのではないかと思うのですが……」と話されました。その言葉からは、前向きに取り組んでいこうとされる強い姿勢が感じられました。

　その思いを具体的な形にしていくためにどのように行動したらよいか、ということについて相談を進めていくことを確認し、こちらから提案した次の4点について、今後の行動計画の方針として検討していくことを話し合いました。

〈提案した内容〉

①**Cさん個人への対応**…継続した個別面談を実施し、Cさん自身がこれまでの言動を振り返り、主体的に自己理解を深め、職場や生活の場でよりよいコミュニケーションスキルを身に付けることを目標にする。

②**上司Fさんへの対応**…個別面談を実施し、これまでのCさんの業務態度・言動の評価・把握状況や、この件に対する思いを語っていただき、Fさんの悩みを受け止め、自分の責任として一人で抱え込むことがないように支援する。そのうえで、管理監督者としての職場での具体的な対応の仕方を共有することを目標にする。

③**全従業員への対応**…個人や一職場の問題ではなく、組織全体の職場風土の問題としてとらえ、今後のハラスメントを防止し、だれもが働きやすい職場環境づくりへの意識向上に向け、教育的研修（管理監督者向け研修、一般従業員向け研修）を計画実施することを目標にする。

④**組織全体の対応**…社内広報などを活用し、ハラスメント防止に対するトップの方針と姿勢を全体に周知する。また、全従業員対象のアンケート実施により、職場環境の実態と従業員一人ひとりの思いを把握し、今後の取組み計画のデータとして活用することを目標とする。

　以下、それぞれの対応について詳しくみていきます。

①**個人への対応**

　Ｃさんとは、継続して５回の面談を実施することとなりました。当初の面談では、「そもそもハラスメントに対する意識が低く、自分自身の言動について日ごろのコミュニケーションの一環として気にしてなかったが、問題として指摘されたことで、ネット情報などでもハラスメントについて調べ、改めて自分自身の言動が他者に対して傷つける内容であったことがわかった。大変申し訳ないことをした」と自分自身の言動への振り返りと謝罪の思いが語られるなど、謙虚さと後悔の念が見受けられました。

　２回目からは、こちらで作成した「ハラスメント意識度」「対人コミュニケーションスタイル」「ものの見方考え方」のセルフチェックアセスメントツールをもとに対話をしながら、自分自身の認知の癖やコミュニケーションの傾向を客観的に振り返るとともに、具体的な言動や事例でハラスメントについて一緒に考える心理教育を中心にしたプログラムを実施しました。

　また面談が進むなかで、これまで先輩から厳しい言葉を投げかけられ、落ち込む日々を過ごしていたこともあったが我慢して一生懸命がんばってきたこと、職場の人間が信用できなくなってきたこと、いまの職場で自分の能力を十分に発揮させてもらえてないように感じていることなど、これまで内に秘めてきた本人自身の職場に

対する不満や腹立たしい思いもぽつりぽつりと語られるようになりました。周囲からは、ぶっきらぼうでとっつきにくい存在として見られていたと思われますが、内面の世界には、頑張っても認めてもらえなかった虚しさや、周囲から受け入れてもらえない寂しさに満ちており、そうした辛い孤独感を紛らわすためにも強がっている自分を演じざるを得なかった様子もうかがえました。

　第5回目の面談では、自分には将来やりたい夢がある。今後は自分らしく目標に向かって進んでいきたいと話されました。今回の件を機に、自分自身を振り返るなかで反省し、生まれてきた謝罪の気持ちを大切にしながら、働く目的や職場での人間関係のあり方などを日ごろから意識し、思い描くキャリアビジョンに向けて次のステップへ歩んでいくことを確認し、継続面談を終了しました。初回面談での第一印象に比べて明るい表情が印象的でした。

②上司への対応

　上司Fさんは、Dさんの退職を自分の責任として重く受け止め、申し訳なさを痛感されていました。一方、Cさんに対してはこうした問題を引き起こしたことへの苛立ちの気持ちもうかがえました。Fさんのお気持ちを受け止めながら、今後の職場での対応についての考えを語っていただき、ご自身の業務もかなり繁忙ではあるが、職場全体で業務のあり方や人員配置などを検討していくことを話されました。

　こちらからは今後の対応のヒントとして、部下との対話がより促進される職場づくりに向けて助言させていただきました。挨拶や日ごろの声かけにより部下は身近に感じ、相談がしやすくなること、その結果、早い段階で問題にも気づけ、対応が可能となること、ヒアリングや人事面談のときにそれぞれの能力開発やキャリア形成に

つながる情報や意見交換をすることで部下のモチベーションにもつながること、などを共有しました。Fさんは、日ごろから部下と対話する大切さについて納得され、早速意識して行動していきたいと話されました。また一人で抱え込まず、いつでもこうした相談が可能であることを伝えて、面談を終了しました。

③全従業員への対応

　まずは、ハラスメントをテーマにした管理監督者向けの研修を計画実施することになりました。研修ではそれぞれの職場で対応に苦慮されていることや、ハラスメントと指導の境界、どういった言動がハラスメントになるのかなどの疑問点について意見交換しました。

　管理監督者はだれもが悩みや戸惑いを感じながら業務を遂行していることを共有し、ハラスメント事案発生時の具体的な対応ポイントや、日ごろの部下育成にかかわる視点として「サーバントリーダーシップ」の考え方、「アサーション」などのコミュニケーションスキルについて、学びを深める時間となりました。

④組織全体の対応

　社内用広報誌にハラスメントに関するコラムを掲載し、情報媒体を活用した啓発活動も並行して実施しました。また、全従業員を対象とした「仕事と働きがい」をテーマにした匿名による職場アンケートを実施し、そのアンケートのなかでハラスメントに関する項目も設定したところ、職場の状況を多角的に把握する貴重なデータとなりました。

　さらに、その集計データを分析したものを教材に「働きやすい職場環境づくり」をテーマにした一般従業員向けの研修を数回に分けて企画実施し、ハラスメントに対する基礎知識を学ぶなかで、ハラ

スメントが心身の健康問題、働きがいやキャリア形成上の問題にも大きな影響を与えること、日ごろからの自分自身の言動を振り返ることの大切さ、職場環境は一人ひとりが意識して作りあげていくこと、などを共有する場となりました。

▍ 人事担当者の方へ

　ハラスメントの問題は、多くの職場で直面しているテーマだといえます。とくに職場におけるパワーハラスメントの防止の取組みについては、2020年6月1日より事業主の責任が法的に明確化されており、2022年4月1日からは中小企業も含めて対象が拡大されることとなります。また、ダイバーシティ＆インクルージョンという言葉に代表されるように、さまざまな属性、個性、特性、価値観、生活様式、文化など、多様性をお互いに認め合いながら、それぞれの個々の能力を活かすことのできる職場づくり、組織づくりがいっそう推進されてきています。

　こうした人権や個の尊重の意識の高まりのなかで、私たち一人ひとりの価値観や人生観など、これまで当たり前と思ってきたこと自体を、一つひとつ見直すべきときにあるといえます。

　今回の相談事例は、当初は人事担当の方からの一職場で発生した問題への対応の内容でしたが、特筆すべきは、問題への対処を迅速に的確に行動に移されたばかりでなく、その後の計画から実施まで、1つの職場の問題を組織全体の取組みとして大きく展開され、ハラスメントや職場の人間関係に対する全従業員の意識向上につながる風土を作り上げたことといえます。

　また、その取組みを推進するにあたって、産業保健師の方がメンバーの一員として、人事部門、職場との調整など中心的な役割を担

われていたことも大きかったといえます。カウンセラーとして提案、助言も含めそれぞれの場面で支援もさせていただきましたが、人事部門、産業保健スタッフ、ラインケア、セルフケア、事業場外スタッフがまさしく一体となった事例といえます。人事担当の方や産業保健師の方は、「メンタルヘルス指針」や法改正内容なども確認されながら取り組まれており、とくに私たち部外カウンセラーとしては、人事部門、産業保健スタッフ（産業医、保健師、衛生管理者など）の方々との連携は大変心強いだけでなく、問題を具体的に解決していく重要なネットワークとなります。

　2020年以降、コロナ禍により、リモートによる働き方へと大きく社会は変わってきました。こうした社会状況の変化のなかで新たな問題の発生も予測されますが、日ごろの取組みと準備、問題発生時の迅速で的確な対応こそが問題を解決していくポイントであることには変わりはなさそうです。

　このように、相談の対象は各従業員個人だけでなく、人事担当の方、上司の方、専門スタッフの方からのご相談やグループ面談も可能です。また従来、対面や電話などで実施していた面談や職場研修は、オンライン形式による実施も可能となってきています。

　ぜひ、事業場外スタッフとも連携して、組織全体の働きやすい職場環境づくりに取り組んでみませんか。

第4章

異動に伴う問題

1 異動後のストレスから

**相談者
Aさん** ┃ 男性　20代　企画開発課所属　入社4年目で現在3カ所目の所属部署

主　訴 ┃ 完璧主義が災いして、自分を追いつめた。上司には相談できず、うつで休職。

▌相談室から

　体調不良を訴え会社を休みだした社員のAさんが、社外にある相談室を訪ねてきました。会社の上司や人事は、Aさんが休んでいる理由がいまひとつわからず、ただ本人から「会社には行けない」ということなので、「まずは社外の相談室を利用するように」と勧められて来たのです。

　来談したAさんは、少し体調が回復してきたこともあり、穏やかな表情できちんとした身なりでしたが、多少神経質そうな感じを受けました。

　Aさんの話では、最初に配属された部署では、周囲との関係もよく仕事内容にもやりがいを感じていました。しかし短期間に3回の部署異動があり、満足に仕事が覚えられない焦りがあったといいます。配属になった職場の雰囲気は決して悪くはなかったそうですが、そこの仕事は内容が多岐にわたり、なかなか全体の流れをつか

みにくく、何からやればよいのかと思い悩む日々でした。上司から
は常日ごろから「わからないことがあったら聞いてくれ」と言われ
ていましたが、Ａさんとしては何がわからないのか自分でも把握で
きず、またその上司は忙しそうでとても気軽にものを聞ける感じが
しなかったといいます。周りの同僚も「気軽に聞いてよ」と言って
くれていましたが、Ａさんとしては、忙しそうな周りの人たちに迷
惑をかけずに自分でなんとかしようとして、自分をどんどん追いつ
めていったことが体調を壊すきっかけになったのだといいます。

　カウンセラーは本人の同意の下、そのことを会社側に伝えました。

　自宅近くの心療内科に通院中のＡさんは、主治医に１カ月の治療
を要するという診断書を書いてもらい、会社側に提出して休職に入
りました。会社側としては体調を崩していった理由はつかめたもの
の、今後Ａさんとのコミュニケーションをどのように図っていけば
よいのかについては、カウンセラーに相談をしながら進めることに
なりました。

　Ａさん自身は、カウンセリングを通じて自分の性格や職場での自
分を振り返り、徐々に気持ちの整理をつけていったものの、もう少
し時間がかかると思い、主治医との相談で休職の延長のための診断
書を出してもらいました。

▌人事担当の対応

　休職に入った当初、本人へは休職の制度を説明し、その後休職中
には定期的な面談をしたいと伝えました。それから１カ月が過ぎ、
診断書で休職の延長が伝えられたころ、人事課の担当者は会社内で
はないほうがよいであろうとの判断で、外のレストランにＡさんを
呼び出し面談しました。カウンセラーから話を聴いていたのでＡさ

んの人柄がおぼろげながらわかってきました。Ａさんが配属となった職場のメンバーからも話を聴き、ふだんからもの静かな感じのＡさんに気を遣わせまいと、さりげない配慮や窮屈な感じを与えないように振る舞っていたとのことでした。

　休職後の初めての面談でしたので、復職のことを話題にせず、体調のことやふだんの生活のことなどを尋ね、まずは本人がゆっくりと休めるような配慮をしました。

▌産業カウンセラーから

　職場内での異動をきっかけにうつや適応障害などのメンタル不調を起こす事例は数多くみられます。これまでの自分の経験した仕事からまったく違う部署へ異動となると、一からの仕事を組み立て直すとともに、人間関係も構築し直さなければならなくなります。

　もちろん、それらのことがまったく苦にならないタイプの人もいますが、Ａさんのように「完璧主義」であったり、人間関係に敏感で気軽にものを尋ねられないタイプの人もいるのです。

　職場に新しい人が入ってきたら、「何でも聞いて」「いつでも聞いて」「自分で考えて」というよりは「何時から何時であれば時間がある」とか「これについてはこのタイミングで聞いてくれるとありがたい」などのような具体的な指示をすることで、新任の方の心理的負担を軽減することもできます。なんでもないようなことでも、一部の人にとってはこのようなことが小さなストレスの積み重ねとなって、周囲の人たちとの溝を深めてしまうこともあるのです。

　面談の後、Ａさん本人も会社側の配慮を感じ、ほっとしたとのことです。そして、今回のようなことを繰り返さないためにも、じっくりと自分と向き合う時間を取りたいという希望を会社側に伝える

ことができました。

〈カウンセリング等の経過〉

上司から人事に連絡

　体調不良で休みがちだった社員が心療内科の診断書を提出し、長期の休みを申請した。

人事課より外部相談室へカウンセリングの依頼

　上司の話から、本人は当分の間、出社できないということが判明。外部の相談室でカウンセリングを受けることを本人に提案し、外部相談室に対応を依頼した。

産業カウンセラーと面談

　Ａさんは人事課から紹介された外部相談室に予約を入れ、産業カウンセラーと面談を開始した。産業カウンセラーは、体調を崩した理由を把握し、本人の同意の下、会社側と連携を取りながらＡさんの心のケアを開始することになった。

休職１カ月経過時

　Ａさんは主治医と相談し、回復にはもう少し時間がかかることから、休職延長のための診断書を書いてもらう。

休職延長の診断書提出後

　人事担当者は、Ａさんを会社近くのレストランに呼び出して面談を実施した。体調やふだんの生活のことなどを尋ね、まずはゆっくり休むようにと伝える。

2　異動後のストレスからの吐き気

相談者 Aさん	男性　20代半ば　独身　寮住まい 工学部出身だが経理が向いていると思い、大学時代に簿記資格取得。就職時は実家近くの支所勤務。1年半前に実家からは県外にあたる本社勤務に異動

主　訴	出勤前に吐き気がする

相談室	会社の相談室。週1日開室

相談室から

　7月初め、「昨年秋から心療内科にかかっているが、勤務先に相談室があるのならそこでも話すといいと言われたので」と相談室に予約の電話がありました。

　翌週予約時間に緊張した表情で来室されました。「寮から通勤しています。ここに異動したのは昨年1月ですが、このごろ、出勤時に吐き気がしてトイレに駆け込んでしまう。いつも実際に吐くわけではないが、そういう自分がすごく情けない。寮なので周りの人は出勤するので休みにくいし、一度休むと仕事に行けなくなってしまいそうで休みませんでした」と話し始めました。現在の職場には、

58

課長、係長と男性女性各1人の同僚社員、そしてパートの方がいるとのことです。

朝吐き気がすることに心当たりはないか、うかがいました。すると、「実は4月に配属された同僚B（男性）のことが気になっている」と話し出しました。Bさんについては、「ほぼ同年代。いままで自分がしてきた仕事のうち外部と接触の少ない部分をBさんが分担している。自分の異動時と違って職場の人に最初から気軽に声をかけてもらっている」とのことです。そのBさんに比べて、Aさんは異動してきたとき同僚に挨拶しても返してもらえないことがあったと話しました。職場の人間関係に吐き気の原因があるようでした。

面談では、日ごろの思いを自由に話してもらうことにして、2週に1回ほどのペースで4回面談しました。話を聞きながらどんなときどんな思いだったのか簡単なメモをし、それを2人でみながら事実の時系列や感じたことを振り返りました。

1年半前、課長補佐と一緒に本社への異動話があったときは、有能な課長補佐と一緒なので、自分も期待されているのかもしれないと思ったそうです。「異動後、課長補佐とは部署が別になり、少しがっかりしました。いまの部署は慣れない業務のうえに次々と期日に追われる仕事でとても忙しく、チェックをする上司もいなくて、いつも仕事のミスをしてはいけないと頭がいっぱいでした。体調が悪くても出勤し、仕事をしました」「業務の大きな節目までそうやってこなしてきて、終わってほっとしたら出勤できなくなり、有休を取って1週間実家で静養しました。そこから心療内科にかかっていて、その後は落ち着いています」とのことでした。

Bさんのことは「調子のよい人、周りがそんなBさんに好意的だと感じる」とよく話していました。一方、自分は社交的ではないか

ら周りからも冷たくされると思っているようでした。Bさんと比較せず、もっと自分らしさを肯定したらよいのではないかと思われました。

そこで、視覚でとらえやすい心理検査であるエゴグラム（TEG：東大式エゴグラム）を提案し、実施しました。すると、［A］（大人の自我状態）が高く、次に［AC］（期待に沿おうとする自我状態）が高くなるN型でした。高いところについては仕事の取組み方や達成感、また、心療内科や相談室を自ら利用する行動などに表れていると納得したようでした。また、［CP］（批判や価値判断）や［FC］（自由な自我状態）が低めなので、それについて考察し、「たしかにだれかを批判するほどの自信はない」とか「自分のために時間を使うことが苦手」と気づきました。

それがきっかけになったのか、3回目の面談時に、実はこの職場でつらいことがあったと話されました。「異動してすぐはいつも焦っていました。いままでと違う書式や操作について同僚に聞いたり、係長が在席しているのが昼休みだけだったことが多く、昼を待って聞いたりして期日までにミスのないよう仕事をしました。だから3カ月過ぎたころ、係長に呼ばれて、『仕事について教えてもらっているのだから同僚にきちんとお礼を言いなさい』と叱られたときは驚きました。自分がこんなに一生懸命仕事をこなしているのに、そんなことで責められるのかと」「同僚の女性は30代。挨拶を返してくれないときがありましたが、まさかそんな苦情を言われるとは思っていませんでした」。それからは、彼女に質問するときは緊張することが多くなったそうです。

それでも仕事上で係長や同僚に聞くことは多く、そのストレスは続いていたことがわかりました。なんとか大きな節目まで仕事をや

り終えたので、自分としてはよくやってきたと思うとのことです。また、言葉遣いでの緊張はいまでもあり、たとえば、社員個々に提出してもらう必要書類の取りまとめで、未提出者への催促の電話をするときは胃が痛くなるようだとも話しました。「いま考えると、言葉遣いが偉そうだったかもしれません。係長としては彼女の言い分を伝えないわけにはいかなかったのだろう」などと振り返ることもしましたが、「でも、係長には仕事をやりこなしていることをまず認めてほしかった」と感情を込めて本音を話すことができました。

「Ｂさんは恵まれていると思ってしまう。催促電話などはない仕事をしているし、気楽そうに見えます。職場内でも同僚や係長たちとよく話しています」ということも話しました。Ａさんの寂しさや、自分は自分でやっていく自信をもちたいという気持ちを受け止めました。一方、キャリアを積む視点でいま取り組んでいる仕事の意味を話し合いました。「Ｂさんへのこだわりがまだあるけれど、仕方ないとも思う」とのことです。

こうしたストレスをうまく発散できなかった理由もみえてきました。長期休暇以外は帰宅しないとのこと。そして、寮は郊外で中心街へは時間がかかるという現実もあり、週末は１人で過ごしていたということです。「課長補佐に声をかけられたとき、そう言ったら、前職場からだれか寮に入ってくるから、もう少しの我慢だと慰められた」そうです。きっと彼の様子を気にしていたのでしょう。

初回から２カ月ほどたち、吐き気はときどきあるが気にしなくなったこと、これからは週末ときどき実家に帰るようにすること、また、年齢も近い社員が寮に入ってきたので話し相手もできた、という報告を最後に面談終了としました。

人事の方へ

　若者には、仕事を認める声かけを意識してほしいものです。とくに異動直後は業務に慣れないのでストレスも感じやすく、上司の評価を気にしています。独身若年者の場合、異動後の環境も確認してあげたいと思います。実家を中心とした家族や友人のサポートがなくなると、１人でストレスを抱えたままになってしまうことがあります。保健室や相談室が気軽に使えるような職場の雰囲気が助けになると思われます。

〈カウンセリングの経過〉　　　CL：クライエント　CO：カウンセラー

初回　　　　　　　　　　　　　　　　　〇年７月２週

CL：この職場に異動したのは昨年１月。異動直後から９月までは本当に仕事に追われた。慣れない仕事で期日が迫り、いつも仕事のことを考えていた。終わったら眠れなくなって有休をとり１週間実家に帰った。心療内科に行った。うつ状態と言われ、薬をもらっている。仕事はその節目を過ぎてから落ち着いてできるようになった。

　今年４月くらいからは朝体調が悪い。食後吐いてしまったことがあってから、吐き気がする日が続いている。ただ、休むとずっと休んでしまいそうでなんとか出勤はしている。

　４月から加わった同僚Ｂ（同年代）が気になって気持ちが穏やかでない。自分にないものをもっているので気にしているのだとわかっている。吐き気は彼が入ってきてしばらくしてからだ。医者に、「気になっていることを相談室で聴いてもらうといい」と言われた。

CO：日ごろの不満を話すところを求めて来室されたと受け止めた。率直に話してもらい、気持ちの整理をする支援としてかかわることとした。

2回目、3回目　　　　　　　　　　○年7月4週、8月2週
CL：異動直後はこれまでと違い、期日を次々指示される仕事でいつも焦っていた。とにかく同僚や係長に仕事を聞きながらやった。やり終えて確認してもらう機会もなくて、ミスはないかと不安だった。そんなとき、係長から叱られた。ショックだった。仕事をきっちりやろうとしていたのに認めてくれなかったと思った。寮に帰っても先輩ばかりで話す人もチャンスもなく、実家に帰るまでは独りぼっちの気がしていた。Bさんは恵まれている。周囲の人とうまくやっていける性格でうらやましい。
CO：仕事はやり終えても不安が消えなかったことなど、苦しかった日々の思いを傾聴した。また、自分らしさをTEGによって自覚してもらった。期待に応えようと仕事に力を発揮していることは自信につながったと思われた。また、それを認めてくれない上司への怒りや失望の感情に向き合ってもらった。

4回目　　　　　　　　　　　　　　　　○年9月1週
CL：夏休みに実家で友人たちと過ごし、自分をリラックスさせる必要がよくわかったように思う。寮ではそれがうまくできなかった。9月から同年代の入寮者がいるので、これまでより元気に過ごせそうだ。

CO：今後は自分なりのストレス解消を意識していくこと、とくに異動時は気軽に相談室を利用して話すことなどを確認して終了とした。

3 海外勤務帰任後の中高年の悩み

相談者 Aさん	男性　50代前半　会社員（高卒）　役職定年間近の幹部職社員

主　訴	長年海外勤務していた支店から本社に異動。帰任後の職場環境になじめずメンタル不全を発症。今後の会社生活が不安とのこと。

▌相談室から

　Aさんは、中堅社員時代から明るく頼りがいがあり、面倒見も良いと評判の社員でした。その能力を買われ、海外支店（ヨーロッパ）に勤務となり、さらに支店長に昇進して大いに活躍し、評価もされていました。その後、役職定年間近ということで本社に帰任しました。関係会社部長として出向したのですが、異なった職種（営業から人事総務関係）の業務になかなか馴染めず、しばらくすると、会社に行くときに頭痛や吐き気などの体調変化に悩まされるようになりました。そのため、内科の病院等に通い内服薬等の処方が

されましたが、いっこうに改善せず、そのうち不眠となってしまい、心療内科を受診したところ、「うつ状態」との診断を受けたとのことです。投薬での治療だけでは仕事や職場環境について相談ができないこともあり、相談室を訪れたとのことでした。

　Ａさんからは帰任後の苦しい思いが語られました。さらにこれから仕事で何をめざしたらよいのか迷いがあり、いろいろと資格取得をしたものの充実感、達成感がなく、職場では疎外感もあり、相談できる人もいないのでどうしてよいかわからない。自分自身のキャリアの棚卸しも含めて、今後の方向を考えたいとのことでした。

　面談を進めるなかでＡさんは、いままでの会社生活で最も充実していた海外支店長時代に、多くの現地の方に必要とされたときのことを話しました。

　その後、Ａさんは海外支店などから帰任した社員が円滑に職場に戻れるような制度、仕組みの必要性を感じ、そのことを人事部に提案したところ、会社の定期人事異動で出向先から戻り、新設の人事部門の担当として役職定年後のポストとして配置されました。人事部門の新たなミッションと自分の求める仕事像をマッチングすることができたのです。

　カウンセラーはＡさんが自分のキャリアを見直し、強み、弱みについてしっかり認識し、キャリアの方向性を固めることができたと判断しました。Ａさんと合意のうえ、カウンセリングを終了しました。

┃ 人事の方へ

　今回の事例のように中高年社員は若手、中堅社員とは異なった悩みをもっています。年齢を重ねるにつれ、役職定年や給与の減額に

よる生活不安、定年退職後の雇用と年金受給時期の関係など多くの不安を抱えているといえます。人事担当者としては従業員の労働意欲を促進するべく自社や他社、産業界の中高年に対する施策を知っておく必要があります。とくに、国の施策による影響などは確実に把握し、今回のような悩みを抱えた中高年社員に対して会社はどのような施策で報いるのか、考えておく必要があります。そのことが中高年社員の労働意欲向上につながることも多く、会社の生産性も高まると思います。

　また、中高年社員に対する会社の処遇を若手社員はみています。それは自分たちの将来の姿であることがわかっているからです。そのことを意識して、中高年社員の相談に応じていただければと思います。いま、企業は改正高年齢者雇用安定法により、厚生年金支給時期が遅れることに伴い、段階的（2025年まで）に65歳までの希望者全員の雇用が義務づけられています。したがって、中高年社員の処遇は大きく会社の業績に影響してくることが予想されます。中高年社員の処遇に対する施策は今後、企業業績のカギを握るような大きな影響をもたらすものと考えられます。

〈カウンセリングの経過〉　　　CL：クライエント　CO：カウンセラー

初回　　　　　　　　　　　　　　　　　　　　　　　○年8月

CL：初めて相談室に来て、多少不安そうな表情ではあったが、しっかりとした口調でいまの自分の状況について語り始めた。長年海外勤務していた支店から本社に帰任。帰任後の職場環境になじめずメンタル不全を発症したこともあり、今後の会社生活が不安。

CO：Aさんの職場になじめないつらさ、海外から帰国しての

疎外感等、真摯に受け止め寄り添う。海外支店時代のキャリアは今後の人生に多方面で活かすことができるので、じっくりと自分のキャリアを考えること、自分の潜在能力と今後のキャリアとのマッチングの検討が必要と思う。またＡさんは、何が本当にしたいのか、自分の生きがいは何かなどを明らかにしたいと感じているようなので、その気持ちを傾聴した。

2回目　　　　　　　　　　　　　　　　　　　　　〇年10月

CL：いまでも朝起きるとなかなか会社に行く気持ちになれない。体が重く、動悸や頭痛などに悩まされている。職場に対する疎外感や違和感を払しょくするため、資格取得に努力したが、満足感が得られない。

CO：Ａさんの気持ちを傾聴するとともにＡさんのいままでの仕事生活のなかで最も充実していた時期、なぜ充実していたのか聴かせてほしいと伝える。しばらく考えた後、海外支店長時代が最も印象深いとのことだったので、次回面談まで考えられる範囲で思い出してほしいと要望した。

3回目　　　　　　　　　　　　　　　　　　　　　〇年12月

CL：仕事で生きがいを感じたことを語り始める。いままでの会社生活で最も充実していた海外支店長時代に、多くの現地の方に必要とされたときのこと。当時の自分は存在感もあり、充実していた。

CO：Ａさんが自分のキャリアについて話しているときの表情や、声のトーン等から少しずつ自信を取り戻していると感じ

る。自分の価値観、仕事観を固めるなかで確固たるキャリアを
確立できると思う。

4回目　　　　　　　　　　　　　　　○年＋１年２カ月
CL：本社人事部に対して行った、海外赴任から帰任した社員が
国内の仕事に戻るときの定着化の必要性と専門部門の設立につ
いての提案が認められ、役職定年後に担当できることになった
旨の経過が語られた。うつ状態もだいぶ回復し、出勤時の頭痛
や体の重さなどの症状はほぼ緩和されたとのこと。
CO：Aさんのうつ状態も回復し、仕事に対する方向性なども
しっかりと確立されたように思えるので、カウンセリングの終
了を提案し、合意した。

4　地方から本社に転勤した社員

相談者 Aさん	女性　32歳　営業アシスタント業務　未婚

主　訴	本社に転勤して２カ月、仕事でわからないことが多い。し かし、周りに聞くこともできず、知り合いもいない。毎日 家に帰るとつらくて、悲しくなって泣けてくる。涙が止ま らない。どうしてしまったのかわからなく不安。

相談室から

　Aさんは、メールで現在のつらい状況を訴え、面談を希望して来談されました。顔色が悪くうつむき加減で、つぶやくように話し始めました。

　Aさんはある企業の地方の支店で、営業事務を担当していました。性格は明るく、非常に優秀だったので、本社の営業アシスタントとして転勤を打診されたとのこと。これまで地元から出たことはなかったし、都会に出ることは正直不安もあったが、せっかく声をかけてくれたのだから、がんばってみようと転勤を承諾したそうです。

　転勤してしばらくは、ばたばたとしていましたが、いざ仕事を始めると、わからないことがたくさん出てきました。しかし、支社から本社勤務に抜てきされたことで、周囲は自分を「できる人」と思っているだろう、「わからないから教えてほしい」と言うと、ばかにされるのではないか、そう考えると聞くに聞けず、仕事がどんどんたまっていきました。仲のいい同僚もできず、会社からはまっすぐ自宅アパートに帰り、夜、アパートで1人になると、これからのことが不安になって、涙が止まらなくなる。親に電話をして話を聞いてもらいたいが、心配するだろうからそれもできない。毎晩毎晩泣いてばかりで、自分はおかしくなったのではないかと怖くなってしまうとのことでした。

　カウンセラーは、Aさんのいまのつらさ、寂しさ、不安な気持ちを十分受け止め、気持ちが落ち着いたところで、Aさんが楽になるためにはどうなったらよいか聞いてみました。すると「わからないことを気軽に聞けるようになりたい」「もっと周りの人と会話をしたい」とのことでした。わからないことを周りの人に聞くと「きっ

とばかにされるかもしれない」「なぜ本社勤務に抜てきされたのかと笑われるのではないか」と不安な気持ちが語られました。

カウンセラーは、地方の支社から出たことがなく、出張の経験もそれほど多くなかったＡさんの不安な気持ちを受容したうえで、Ａさんの考えは仮説であって、本当にそうなるのか経験したわけではない。思い過ごしになることだってあるのではないか？　と問いかけました。Ａさんはそれには納得し、どうしたら思い込みから脱却できるのか考え始めました。

カウンセラーから「試しに何だったらできる？」と聞くと、「隣の年配の男性にわからないことを聞くことはできるかもしれない」と言うので、次の面談までに実行してもらうことを約束しました。

次の面談では、「隣の年配の男性にわからない部分を質問したら、丁寧に教えてくれた、書類の保管場所まで一緒に行ってくれ、とてもよく面倒をみてくれた」とうれしそうに話し、前回より明るい表情になっていました。しかし、ほっとした、安心したというものの、まだ同僚や先輩の女性社員とはうまくなじめず、不安は抱えたままでした。アパートに帰ってもみんなは夕飯を食べに行ったり、遊びに行ったりするのに、私は独りぼっちだと思うと、悲しくなって涙が出るとのこと。なぜ女性の同僚や先輩には気軽に質問したり、教えてもらったりできないのか、彼女自身の性格も含め、一緒に考えました。すると、自分は長女であるため、自分のことは自分でやり、他人の面倒もみなくてはいけないと思うところがある。また、そのためプライドが高く、負けず嫌いな性格かもしれないという話が出てきました。また、東京の女性はおしゃれで奇麗にしており、頭もいい。自分は見劣りしてしまう。加えて仕事もできないとなると、恥ずかしい、と感じていることを語ってくれました。

そこで、「自分が楽になるためにはどうしたらいいか」と、前回に引き続き課題を考えてもらうと、1回だけ同僚のなかでも話しやすい女性に仕事でわからない部分を質問してみるというので、次回の面談の際にその結果を教えてもらうこととしました。

　次の面談にきたAさんは、さらに明るい表情で、開口一番、「やってみました！」と課題に取り組んだ結果を語ってくれました。どきどきしたが、思い切って質問してみたら、やはりとても丁寧に説明してくれて、「何かあったらまた聞いてね」とまで言ってくれた。ばかにされるのではないかと思っていたのは自分の思い込みだったようだ。その女性と話をするようになって、職場で会話できる人の数が増えた。

　ランチもいままで1人で食べていたが、職場の人と一緒に食べるようになり、仕事以外の話もするようになった。想像と違って、みんなざっくばらんに話してくれる。と、Aさんは職場に受け入れられたという実感がもてたようで、ありのままの自分を出してもいいのかもしれないと語ってくれました。仕事が滞ることが少なくなり、家で泣くことがなくなった。久しぶりに親に電話をしてみたら、「がんばりすぎないように、たまには帰ってきなさい」と言ってもらえたときはちょっと涙が出ました、と照れたように明るく語ってくれました。

　先日、上司との面談があり、「本社での仕事はどうか」と聞かれたときのこと。つらかったときだったら、どう答えていたかわからないが、「皆さんいい方ばかりで楽しく仕事ができています」と答えることができたと話してくれました。

　自分自身でもこれからもっと勉強して、少しでも仕事に貢献できるようになっていきたい。助けられた分、自分も助けられるように

なりたい、と今後の仕事への意気込みも話してくれました。「今日仕事が終わったら、職場の女性４人で食事に行くんです」と語った彼女は最高の笑顔を見せてくれました。

▌▌人事の方へ

　転勤は大きなライフイベントであり、非常に大きなストレスを伴うことが多いものです。とくに配偶者や子どもなど、家族をもつ家庭にとっては、単身赴任を選択すべきか、帯同すべきか、大きな家族の問題にもなりますし、介護を必要とする親がいる場合も家族の大きな問題となります。

　あわせて、どんな状況でも手を抜かない、無理な仕事でもやり遂げようとする、決して弱音を吐かない、そんなまじめで責任感の強い人ほど、ぎりぎりまでがんばってしまう人が多いものです。

　上司は転勤してきた人のバックグラウンドをよく理解し、体調はどうか、何か問題を抱えていないか、よく観察することが大切です。転勤後に一度面談をし、その人を理解することはとても有効です。

　気になることがあれば、「元気ないけど、具合悪くない？」「顔色悪いけど大丈夫？」など、体調面から話をもっていくと、抵抗感が少なく話をしてくれます。

　最後に、上司はその責任感のあまり、体調不良者を自分でなんとかしてあげようと抱え込んでしまうことがあります。それによって、お互いつぶれてしまうこともあります。そうならないためにも、社内、社外の相談窓口を把握しておき、いつでも橋渡し（リファー）できる準備をしておくことはとても大切です。

〈カウンセリングの経過〉　　　CL：クライエント　CO：カウンセラー

初回　　　　　　　　　　　　　　　　　〇年5月中旬

CL：地方から本社に転勤したが、わからないことばかりだ。周りはできる人ばかりで聞くことができないし、友達もできない。部屋で泣いてばかりいる（涙）。

CO：慣れない仕事と生活をねぎらい、つらい気持ちを傾聴し、CLの思い込みに気づけるよう課題を提出、次回の約束をした。

2回目　　　　　　　　　　　　　〇年5月中旬＋1週間

CL：職場で隣の人に聞いてみた。とても親切に教えてくれた。自分の思い込みに気づいた。まだ女性の同僚や先輩には気軽に質問したり、教えてもらったりできない。

CO：聞くことができたうれしさを支持、自分が楽になるための課題を彼女自身の性格も含め、一緒に考えた。

3回目　　　　　　　　　　　　　〇年5月中旬＋2週間

CL：女性社員にも思い切って声をかけた。よく教えてくれて、昼ご飯も一緒に食べられるようになった。両親にも電話で話せた。上司との面談では、いまの状況と今後の抱負も語れた。

CO：職場の人に声をかけ、行動化できたことを支持、思い込みに気づいて見方が変わったこと、今後の勉強への意欲を確認した。

5 組織替えで高ストレスに

| 相談者
Aさん | 男性　20代後半　会社員（大学卒） |

| 主　訴 | 最近組織替えがあり、部署内の雰囲気がすっかり変わり、なじめずにいる。気持ちが落ち込み、意欲がわかない。遅刻が続いている。 |

▌相談室から

　Aさんからカウンセリングの予約があり、当日キャンセル枠があったことから急きょ面談することとなりました。マスクをした長身のAさんは、身をかがめるようにして入室され、戸惑いを隠せない様子で下を向き、次のようなことをぽそぽそと話し始めました。

　「入社し3年目を迎えましたが、朝起きるのが苦手でいつも定刻ぎりぎりに出勤していました。いったん寝てしまうと12時間以上寝てしまうこともたびたびあり、目覚まし時計をかけてもなかなか起き上がる気力がわいてきません。最近、ちょっとした時間の遅刻が続き、上司から注意を受けました。自分でも始業に遅れないよう時計を2個セットし、気を張っていたのに今日も遅刻してしまいました。

　組織替えがあり、少人数のこじんまりした部署から、大きな部屋で大勢の人と一緒に働かなければならない環境に激変しました。新

しい上司から『机の周りが文具や書類で散らかっている』と皆の前で指摘されました。自分は整理整頓が苦手で、必要な書類がどこにあるのかすぐにみつけることができません。お客さまと展示会や商品説明会などの待ち合わせや出かける前になると、別の仕事のことが気になり、あちこち資料を探さずにいられないのです。結局、出かけるのが遅くなり、お客さまをお待たせしてしまいました。

　焦っていると、仕事の手順がときどきわからなくなります。上司や先輩に相談しようと思っても、皆手一杯で忙しそう。『そんなこともわからないのか』と言われそうで聞けません。結局、自分で独自手順のルールでやらざるを得ません。そうすると上司や同僚から注意を受け、『仕事の効率も悪く信頼できない』と評価され、自信がなくなり落ち込むことが多くなりました」

　そして、このごろは職場でもどきどきして酸素が薄く、息切れしてしまう、空気が全部お腹にたまる感じでお腹が張り、頻繁におならが出て恥ずかしくてならないと訴えられました。

　職場のなかで孤立している様子がうかがえたので、カウンセラーはＡさんの健康状態を確認し、職場だけでなく休日の様子について話してもらい、気持ちの整理をしてもらいました。また、Ａさんの性格の傾向などについて、エピソードとともに振り返って説明してもらいました。

Ａさんの訴えからは、

①　過敏でよく眠れていない

②　朝が弱く予定した時間に起きられない

③　周りのことが気になり約束した時間が守れない。落ち着けない

④　疲労感があり集中できない

⑤　呑気症からお腹が張り、ガスが出て困っている

の５つの問題点を整理することができました。面談を進めるなかで、Ａさんは自分の受止め方や考え方の癖について気にしている様子が語られたので、現実に困っていることをあげてもらい、そのことをメモしてもらいました。それを基にカウンセラーから、空気が読めないことは逆の言い方をすると→自分の考えをしっかりもっていて、周囲に左右されないこと。こだわりが強いことも→自分の意見をしっかりもっていること、ととらえることもできる、と視点を変えた受止め方を伝えました。

　また、Ａさんが強いストレスを受けていると感じたので、ストレスについて説明し、「生活上の出来事とストレス」の点数表をつけていただきました。点数をつけたＡさんは高ストレス状態に陥っている現実を認識し、呑気症の改善と睡眠がしっかり取れるよう主治医に相談することになりました。

　呑気症については緊張すると「息を飲む」という言葉があるように、ストレスが空気の飲込みを増加してしまうことを伝え、食事の方法について早食いや丸のみをやめ、よく噛み、ゆっくりリラックスし食事を摂ること、また芋類や豆など、おならの材料になる食材も控えめにし、食事の合間に肩の力を抜くようカウンセラーから提案しました。

▌▌人事の方へ

　人と関係を作るのが苦手、場の雰囲気が読めない、ものが片づけられないのは一見どこにでもありそうな話です。Ａさんのように朝起きられない、緊張している、整理整頓が苦手、ミスが多い等々から「自分勝手」「要領が悪い」「怠けている」ととらえられ、周囲の見る目も厳しくなり、仕事や人間関係に支障が出ます。

また、仕事を先延ばしにする「先延ばし傾向」は、自分の「興味や関心」の向いたことを優先する、先の見通しやスケジュールを立てて計画的に行動することが苦手なことから、時間の管理がうまくできず、さらに先延ばし傾向が続くため、家でも職場でもやるべき仕事が先延ばしされ、山積みになってしまいます。ものごとの優先順位がつけられず、あれもこれも同時進行で進めるので、いつまでたっても仕事が終わりません。この状態は「脳の機能障害」の問題といわれています。

　Ａさんは「『軽い発達障害の傾向がある』と言われたことがある」とのことですが、確定診断を受けているわけではありません。前の部署ではミスを指摘されても改善に向けた指導を受ける環境にあったことから、とくに大きな問題にならず、なんとかできていました。しかし組織替えに伴う人事異動等、新しい上司との関係構築や環境の変化に時間がかかり、適応できずにいます。複数の問題が重なり、対人スキルの苦手さもあり、高ストレス状態になったと思われます。

　社員のストレスは企業のリスクです。仕事が原因でもたらされるストレスや、うつ病などの心の病はだれにとっても無縁のものではありません。もちろん、いったん発症すれば本人にとっては休まざるを得ない状況になります。Ａさんのように軽い発達障害の傾向のある人や高ストレスのサインを出している社員を、できるだけ早く専門家につなげる体制を作ることが求められます。

　そのためには、職場の管理者がメンタルヘルスについて正しい知識をもち、個人の問題としてだけでなく職場の問題として、企業全体で受け止めていくことが必要です。

〈カウンセリングの経過〉　　CL：クライエント　CO：カウンセラー

初回　　　　　　　　　　　　　　　　　　　　　○年5月3週

CL：朝が苦手で最近は遅刻をしてしまう。起きようにも気力がわいてこない。4月に組織替えがあり、なじめないでいる。自分は精一杯やっているのに、上司から整理整頓ができていないと指摘された。頭のなかが真っ白になり、言い返せない。

CO：突然の環境の変化に戸惑うCLの気持ちを受け止め、CLの気になっていること、問題となっていることを整理できるようかかわる。週末は時間を気にせずゆっくり心身を休ませる大切さを共有した。

2回目　　　　　　　　　　　　　　　　　　　　○年5月4週

CL：出勤すると体も心もフル回転に巻き込まれそうで不安。上司や同僚の忙しそうな様子を見ると、わからないことを聞くのをためらってしまう。周りからは仕事ができない、コミュニケーションが取れないと思われているのではないか。

CO：CLが立ち往生している不安を受け止め、ストレスについて説明し、ストレス点数表を記入してもらう（ストレスに呼吸法の有効なことを伝え練習）。場面をイメージし、上司や同僚への伝え方をロールプレイで練習する。次回までロールプレイで練習したことを行動化してみる。

3回目　　　　　　　　　　　　　　　　　　　　○年6月1週

CL：先週はちょっとしたミスが続き、落ち込んでしまった。朝起きられず遅刻してしまったが、上司にきちんと伝えること

ができた。自分のストレスフルな状態がわかったので、クリニックを受診した。主治医から「カウンセリングの場があってよかったね」と言われた。このごろ、お腹の張りも少なくなっている。

CO：CLは周囲で起こる出来事や人の言動に敏感に気づくが、マイナスの気づきに引きずられることが少なくなっていることを伝える。上司に「ありのままの自分で連絡できた」ことをねぎらい、CLの変わりたい思いを後押ししながらカウンセリングを続けていくことを共有した。

第5章

休業・復職の問題

1　メンタルダウンして異動、
職種変更

相談者
Aさん | 男性　30歳代後半　妻と2人暮らし

主訴 | いままで営業職を15年間担当してきたが、メンタルダウンをして異動により内勤になり、まったく業務が変わった。会社に配慮してもらっているが、やっていけるか不安。

相談室から

　Aさんは、15年間続けてきた営業職から内勤のデスクワークに変わったけれど、どのように仕事をしていけばよいかわからないということで、カウンセリング室を訪れました。営業職のときにメンタルダウンして異動になったことなど、これまでの経緯について、以下のように話してくれました。

　営業職だったとき、転勤をきっかけに精神的なつらさを感じるようになっていましたが、異動後3年目で限界を迎えました。社内でのレポートや売上げなどのノルマをこなすことを考えると眠れなくなったことから、上司同伴のもと、診療クリニックを受診したところ、うつ症状といわれ、数カ月の休職を勧められましたが、本人の希望で仕事内容を軽減するだけにして、様子をみることにしました。

　しかし、その3カ月後には不安感が大きくなり、業務に支障を来

したことから、15年間続けた営業業務を離れて本店へ異動すること
になり、異動後は、事務系の仕事の担当になりました。

　そしていま、本店に来て、総務の仕事を行う内勤のデスクワーク
になってからの悩みについても、話してくれました。
　「会社が配慮してくれたことはありがたいけれど、ずっと15年間
営業畑できたので、まだどうしたらいいのかわかりません。急ぐ仕
事ではないが、自分で決められない仕事になりました。以前から上
司には『1人で抱えなくていい』と言われてきましたが、すべて引
き受けてしまいます。『無理なことは無理と言うように』と言われ
ましたが、『無理なことは無理』と言うのは難しい、できません。
いままで全部引き受けてきて、しんどくなりました。自分は、たし
かに断われないでいます」とのこと。
　初回の面談のおわりに、今後も面談を続けていくということにし
ました。2年間にわたって毎月面談を行い、徐々に自分の意見を言
えるようになってきました。その後、本人からの申出により、カウ
ンセリングは終結しました。

▌ 人事の方へ

　精神的な問題が発生し、これまでどおりに働くことが難しくなっ
た場合、会社側としては、業務内容・勤務時間などの軽減、人事環
境への配慮を試されるでしょう。それにより、勤務ができるように
なったからといって「もう大丈夫、治った」という判断は早すぎ
る、ということが今回のケースでおわかりいただけるかと思います。
　「自らの意見をはっきり言えない」「相手の顔色をうかがい、周り
の様子を敏感に感じ、発言することを躊躇する」「自信がなく、自

己肯定感が低い」このような、メンタルダウンを起こすタイプの特徴そのもののサポートを継続できていないと、再発の予防はできません。

　主体性を極度に欠いた状態から起こるストレスであることを本人が気づくのは難しく、身体症状が出たりメンタルダウンになることにより、初めて自覚することが多いからです。

　医師の治療・投薬と併せて、カウンセリングの場で少しずつ自分の意見を言うトレーニングをし、適度な主体性とコミュニケーション能力を養うことにより、安定した回復へと進むことができます。この道のりを理解し、サポートする体制が必要になってきます。

　1人の人間のメンタルダウンでの休職というものは、ともに働く周りの人の気持ちの動揺や士気の低下を招きかねません。職場のよりよい環境づくりの一環としても、休職の未然予防は大きな意味をもつことでしょう。

　しかし、いまだ日本ではメンタル部分での受診に抵抗がある方がほとんどです。

　雇入れ側の取組みとしては、産業医、保健師、カウンセラーの面談を気軽に受けられるような広報活動が重要になってきます。その1つとして、厚生労働省委託事業「こころの耳」ホームページの活用をお勧めします。

〈カウンセリングの経過〉　　　CL：クライエント　CO：カウンセラー

初回

CL：営業から異動になり、内勤のデスクワークになった経緯や、現在の仕事での悩みについて話す。

CO：面談のおわりに、断ることができず全部引き受けてしま

う自分のあり方について、面談を続けていくというカウンセリング契約を行った。

　この後、ほぼ2年にわたり毎月定期的に来談。

　なお、この相談室は、（一社）日本産業カウンセラー協会と企業が契約しているので、社員は（企業契約により）無料になっている。

2回目

CL：机に向かって1日中仕事をするのはしんどい。会話もないし、しんとしている。仕事は午前中で終わり、その後することがなかった。仕事の説明を聞いても、いまひとつわからなかったが、あまりしつこく聞くのも悪いと思って自分で考えたが、わからなかった。しんどい。急ぐ仕事ではなく、営業のようにすっきりすることもない。やっぱりカウンセリングは自分には必要。

5回目

CL：今日は「カウンセリングに行ってきます」と言って職場を出てきたが、申し訳ないと思ってしまった。もっと自分から言えればいいということだったけれど、なかなか言えずにいる。上司にも遠慮なく言ってくれればいいと言われているけれど、上司の様子をうかがったりして、なかなか言い出せない。本当にどうしたらいいかと思ってしまう。

7回目

CL：少し仕事にも慣れてきた。課長は、自分が困っているときに、ときどき確認してくれるようになった。1つできるようになったことがある。それは、早口で言われるとわからなくなるので、そこはゆっくり言ってほしいと、言えるようになったことだ。

8回目

CL：前回、病院に行こうとしたとき、仕事に関する指示があり、病院に行けなかった。でも、先日は帰る前にこの仕事をできるかと言われたが、病院に行くと言うと、課長がその仕事をしてくれた。はっきり言えばいいんですね。そんなことが2度ほどあって、結局、課長が仕事をやっていた。

　そういえば、妻から言われたことに対して何も言わなかったことがよくあった。後になって言うと、「なんでそのとき言ってくれなかった」とかよく言われた。言えばいいのだけど、言えなかった。

　親父はいつも何も言わなかった。黙っていて、ほとんど遅く帰ってきて会うことはなかった。休みの日は家にいたけれど、話すこともなかった。

　妻からは、以前は何を考えているのかわからない、返事が返ってこないと言われていた。

10回目

CL：今日もカウンセリングに行ってきますと、わりとすんなり言えた。気分も引っかからずに来られた。仕事のやり方も慣

れてきた。ただ営業と事務とは全然違うので、こちらに来て本
当に戸惑った。まったく違う仕事で、寂しさともの足りなさを
感じた。

CO：CLは、すっきりした顔立ちになっていて、輪郭もしっか
りした面立ちに感じた。

14回目

CL：仕事はできたときに課長にここまでできたと報告してい
る。その後、やってくれるのかなと思ったら、こことここを直
してと戻ってくる。残りの部分をやってくれると思ったの
が、戻ってきたので、またするのかと思った。残りの部分をお
願いしますとか、ちゃんと確認ができていないからだ。自分か
ら言わないといけないのだと気付いた。

　この2日間、課長が出張でいない間に少し前倒しで仕事を
しようと思う、そうしておけば、急に課長から「あれできている
か？」と言われても応えられるので。そうしておかないとやは
り、慌てるから……。やはり確認、確認でやるので、時間がま
だかかる。だいぶ慣れてきたのだが……。まだまだです。

16回目

CL：「まだできていないのか」と言われるのはとても嫌で、少
しむかっとくることもあるけれど、仕事はこなしている。だい
ぶ落ち着いてきた。

18回目

CL：上司が大体どんな言葉を使うのか、わかってきたので、一発でOKをもらえるよう、一生懸命考えている。夕方になると頭が痛くなるほど、一生懸命ああでもない、こうでもないと考えていて、あっという間に時間がたってしまう。最近、けっこう一発でOKをもらえることが増えてきた。だいぶ慣れてきた。

22回目

CL：最初は言えなかったことも、カウンセリングを受けて、上司にははっきり言わないといけないと思って、言ってきた。最近は、すぐ反応するのではなく、少しじっくり考えて応えている。

25回目

CL：年末に診察に行ってきた。診察は月１回だが、眠剤はもう飲んでいない。飲まなくても眠れるようになった。主治医は、しんどいというと、今回はちゃんと顔を見て、話を５分ほど聴いてくれた。だいぶましになった。

27回目

CL：なんとか前倒しでメールも送れている。予定を立ててやっている。課長からの課題ができるようになった。
CO：その後、月１回の定期的な面談から必要なときに予約して実施する形になり、その後「大丈夫です。なんとかやっていけます」ということで、カウンセリングは終結となった。

| 相談者
Aさん | 男性　20歳代　入社2年目　営業1課所属 |

| 主　訴 | うつ病の診断書をもらった。療養のため休業したい。 |

人事課長と上司の対応

　ある製造業の会社での出来事です。多忙な社員も多く、昨年メンタル不調による退職者が出たため、人事課を中心に社内のメンタルヘルス体制を整えつつあるところでした。その最中のある月曜日、営業1課のB課長が慌ただしく人事課の部屋に入ってきました。

　「ちょっと困ったことが起きて…いまいいか？」と、もっていたメモを人事課長に見せました。

　「『不眠が続きメンタルクリニックを受診。うつ病で3カ月休養が必要の診断』…これは？」

　「うちの入社2年目の営業のAさんから、さっき電話があった。いったい何があったのか、こっちは見当もつかない。診断書も速達で送ったと。この後どうしたらいい？」

　今年に入り、産業カウンセラーによる相談室を毎週月曜日に開設していたので、対応についてB課長と人事課長の2人で相談に行く

ことにしました。相談室は週1回で、産業医には月1回来てもらっています。

　相談室で2人が事情を話すと、まずは産業カウンセラーから「うつ病」について、再発率の高い深刻な要素のある病気であるという説明がありました。カウンセラーからは「何かサインが出ていたかもしれませんね」と言われましたが、B課長はあまり思いあたることはないようでした。

　「不眠の要因については復帰に際して整理する必要はありますが、まずは安心して療養に専念できるようにしましょう。そして、会社の制度について情報提供を行うこと、また休業中は定期的な連絡を取ることが会社とのつながりを維持するためにも必要です」とのアドバイスをもらいました。そこで、人事課長が彼の通院のタイミングで連絡を取ることなどを決めました。また、「仕事の分担のこともあるので、課員に休業への理解を得ることが望ましいが、病名については本人の了解なしに言及しないこと、メンタルヘルスに関する健康情報は慎重な取り扱いが必要です」との指摘も受けました。

　早めに産業医に診てもらうことと、休業中の不安や悩みの相談先として継続的なフォローは、産業カウンセラーが行うことも提案されました。水曜日に産業医が来ることもあり、その日にまずは産業医と面談、その後カウンセラーにも来てもらい、人事課長、B課長で本人と面談をすることを決め、準備に取りかかりました。

　火曜日にB課長が人事課に診断書をもってきました。「『部下からAさんに何かあったのですか』と聞かれて、『ちょっと体調を崩してしばらく休むことになった』と伝えましたが、それでよかったのだろうか…。昨日から課内が落ち着かない雰囲気なんだ。業務分担はいま考えている」。

長期間休む社員が出ると、仕事に関して周囲にも影響が出ます。忙しいなか、メンバーの理解を得ることも課長の仕事だとは思うがどう伝えたらいいのか、Ｂ課長の戸惑いが伝わってきます。

　水曜日、Ａさんが診療室にやってきました。やはり具合が悪そうです。産業医と面談をしてもらい、その際必要に応じて、主治医と連携を取ることの了解をもらいました。引き続き、産業カウンセラーとも同じフロアにある相談室で面談し、休業中の留意点等について話し合い、カウンセリング終了後に人事から休職制度について説明を行いました。こうして産業医、産業カウンセラー、人事、直属の上司である課長と連携を取って対応することを確認し、Ａさんは休業に入ることになりました。

▎ 人事課長から

　突然のことでしたが、専門家の協力を得てまずは支援体制が整えられたことに安堵しました。私だけでは短い間にこの対応をすることは難しかったと思います。それにしても産業カウンセラーから最初に言われた、「何かサインが出ていたかもしれませんね」という言葉が気になっています。もっと早めに周囲が異変に気がつけば、休業になる前に何かできたのかもしれません。心の健康が生産性とつながっていることはもはや常識です。今後は社員へのメンタルヘルスの教育も計画的に行っていきたいと思います。

▎ 産業カウンセラーから

　休業者が出ると本人がつらいのはもちろんですが、職場にとっても戦力がダウンする切実な問題となります。コストを考えても休業に入る前に調子が悪くなっていて、すでにパフォーマンスが落ちて

いること、休業中も一定の手当の支払いがあること、既存社員の残業代、代替社員の給与、人事や上司の対応等、休業する社員の給与の2〜3倍はかかるといわれています。加えて周囲のメンバーのモチベーションが落ちることも否めません。いかに予防が大切か、ということですが、今回のケースは予防につながる教育が不足していたようです。もちろん配慮や注意をしているつもりでも、今回のように突然診断書が出てくることはあり得ます。そして、診断書が出されたら、まずはその診断を尊重することが基本です。

　また、休業に入るにあたっては、休職制度の説明や相談先の紹介など、まずは本人が安心して回復に努められるようなフォロー体制を整えましょう。誰か一人が対応を抱えるのではなくチームとしてかかわっていくことは、関係者の安心感でもあり、本人にとってもより良いサポートにつながります。

〈カウンセリング等の経過〉

上司から人事に連絡　　　　　　　　　　　〇年△月□日

　営業1課のB課長が、人事課に課員のことで相談に来る。

上司と人事で相談室へ　　　　　　　　　　〇年△月□日

　その日のうちに、B課長と人事課長が、相談室の産業カウンセラーを訪ね、アドバイスをもらう。

診断書が人事に提出される　　　　　　　〇年△月□日＋1日

産業医および産業カウンセラーと面談　〇年△月□日＋2日

　Aさんが診療室を訪れ、産業医と面談、産業医が必要に応じ

て主治医と連携を取ることについて了解を得る。その後、相談室で産業カウンセラーと面談し、人事課長からも情報提供をする。産業医、産業カウンセラー、人事、直属の上司で連携を取って対応していくことを確認し、休業期間に入ることを決定。

【参考資料】「心の健康問題により休業した労働者の職場復帰支援の手引き」（中央労働災害防止協会）より

＜第1ステップ＞病気休業開始及び休業中のケア
労働者から管理監督者に主治医による診断書（病気休業診断書）が提出され、休業が始まります。管理監督者は、人事労務管理スタッフ等に診断書（病気休業診断書）が提出されたことを連絡します。休業する労働者に対しては、必要な事務手続きや職場復帰支援の手順を説明します。（第2ステップ以下、略）

3　復職を円滑に進めるために

相談者 Aさん ｜ 男性　40代後半　独身　母親と同居　食品製造工場勤務 （総務系事務職）

主　訴 ｜ 統合失調症で休職、復職を繰り返している。休業期間満了となるので、休業しないようにしたい。

▌相談室から

　Aさんは、統合失調症による休業期間の満了を控えて、面談に来ました。これまでも何度か休職・復職を繰り返していて、「今回は

就業を継続させたい」との思いが強くあり、「現在デイケアに通っているが、ほかに何をしたらいいのかアドバイスが欲しい」とのことでした。

　Aさんは、20代のころ離人体験*などを自覚し、自宅近くの精神科に数度通院しましたが、自己判断で治療を中断しました。10年前の4月ころから対話性幻聴や被害関係妄想などが出現したため、再度、総合病院の精神科を受診し「統合失調症」と診断され、一時休職となりました。その後、薬物療法などを継続して行った結果、復職可能との診断書が提出され、復職しました。

　当時、Aさんは社内システム管理のSEでしたが、復職時は本人の意向も踏まえ、業務の見直しを行い、総務系の事務作業部門に異動しました。しかし、さらにその1年後、幻覚妄想や対人関係における緊張の悪化があり、電車内で他人の視線が気になり怖さを感じるようになり、再び出社が困難となったことから、主治医に相談した結果、再度休職しました。

　その後、就業規則における同一疾病による休業期間の満了日が迫ってきて、今回の復職準備となっています。Aさんに対して、会社は、精神科での治療と平行して復職準備のためのカウンセリングを行うという対応を提示しました。以前の休業中は、ほとんど日中寝ていることも多く、起きている間はテレビを見て過ごしているとのことだったため、主治医の勧めもあり、デイケアに週2日通所しながら、カウンセリングで復職に向けた準備を行うこととなりました。

　カウンセリングにおいては、生活状況をうかがいながら就寝状態と睡眠リズム、デイケアにおける活動状況などを把握し、就労に向けた準備についてAさんができることを話し合いました。その結

果、通勤に伴う体力をつけるため毎日、散歩を行うこと、また睡眠リズムが一定でないため、睡眠状況と生活状況に関する24時間活動記録をつけることなどを提案し、実行することとなりました。

　Ａさんは、散歩と同時に自主的に近所の市民プールで水中ウォーキングを始めました。さらに、図書館に通い始め、さまざまな書籍を読むようにしている、とうれしそうに報告してくれました。しかし、活動記録をみると、起床時刻が不安定で、外出から帰宅後は昼寝や居眠りをしている時間が長く続いていることが判明したため、疲労感が残らないよう段階的に負荷をかけ、徐々に慣らしていくことを助言しました。

　休業期間満了が間近に迫った段階で、主治医はＡさんの病状をどのように診断しているかを確認するとともに、復職後、留意すべき点についてうかがうため、Ａさんの了解を得て、受診日に同席させてもらうこととしました。主治医から、病状は薬物治療により回復していること、仕事に対しては相性もあること、生活自体は現実検討能力もあることから、復職可能と診断されました。その後、本人からの就労意欲を確認し、人事部門に復職願が提出され、復職に向けた取組みを行うこととなりました。

▌ 人事の方へ

　メンタルヘルス不調により休職された方の休業期間は長期間となる傾向があります。復職に向けた取組みはさまざまありますが、厚生労働省が発表している「心の健康問題により休業した労働者の職場復帰支援の手引」を参考に取り組まれている方も多いと思います。

　メンタルヘルス不調の症状はさまざまであり、その対応にあたって同じ方法で適用することはほとんどないといっても過言ではあり

ません。

　今回の事例では、Ａさんはこれまでも休職、復職を何度か繰り返しているため、今回の復職にあたっても再燃・再発しないで就労継続ができるかどうかが問題となりました。経済的な問題から、まだ回復していないにもかかわらず、本人に焦りが生じて主治医に復職願を申請することもあります。そのようなケースでは、就労意欲を示して復職しても、治療継続中にもかかわらず断薬を勝手に判断したりして、結果として復職後１年以内で再び不調となって休業となるケースが散見されます。

　主治医に対して、病状、治療経過から就労する状態にあるかどうか、さらに復職時、さらには再燃・再発を防止するために留意すべきことは何かについて、個々のケースに応じてうかがっておくことが必要ではないかと思います。

　今回のケースでも本人の同意を得て、主治医の受診に同席し、主治医から適切な助言を得ることができました。さらに、復職に向けた準備を行う際、本人は焦りなどから無理をしがちになりますので、本人の活動状況を把握しながら、段階的に負荷をかけていくなど適切な助言も必要となります。関係者間で情報の管理に十分留意しながら、共有して取り組むことも必要になります。本人の希望や適性だけでなく、客観的な情報も入手しながら関係部門と密接に連携し、その人に合った内容で取り組むことの必要性を再認識させられた事例です。

＊離人体験　自分自身の思考や行動・身体・外界に対して現実感を喪失したり疎外感をいだいたりする意識体験。

〈カウンセリングの経過〉　　　CL：クライエント　CO：カウンセラー

初回　　　　　　　　　　　　　　　　　　　　○年○月○日

CL：休業期間の満了日が近い。人事と主治医からの勧めもあり、デイケアに通っているが、他に何をしたらよいか、アドバイスが欲しい。

CO：休業要因、休業期間等の状況についておよびデイケアでのプログラム内容の確認と病識についてうかがった。さらに、生活状況についてうかがったところ、休業と復職を繰り返していることから生活リズムの安定が必要であることを伝え、24時間活動記録の意味とつけ方を助言。

2回目　　　　　　　　　　　　　　　　　○年○月○日＋4週間

CL：活動記録を持参し、初回約束した散歩のほかに水中ウォーキングをしていることの報告をうれしそうに語った。

CO：体力をつけるための運動を行っていることを支持し、ほかに集中力を養うため、図書館に行くことを勧める。活動記録を拝見すると生活リズムが安定していないこと、とくに睡眠リズムが取れていないことを具体的に指摘し、改善する方法を助言する。

3回目　　　　　　　　　　　　　　　　　○年○月○日＋4週間

CL：図書館に行っている。日中なぜか眠気が襲う。ちょっとと思っても長い時間寝てしまう。

CO：復職への焦りから運動量が多いのではないか。そのため疲労感から寝てしまうと考え、徐々に増やしていくことを助言

し、普通にできることを目標に取り組むことを勧めた。

4回目　　　　　　　　　　　　　　　　○年○月○日＋4週間
CL：起床時刻を一定することの助言を少しずつ実践できるようになった。
CO：これまで何回か休業、復職を繰り返しているので、病気の状態と就労における留意点について主治医に確認したい。そこで、今度の受診日に同席させてほしいことを伝える。本人から同意を得る。

5回目　　　　　　　　　　　　　　　　○年○月○日＋3週間
同席者：本人、主治医、作業療法士、看護師、人事部長、カウンセラー
主治医：この病気は完治することは難しいこと、Aさんの心身の状態は安定していることなどから、就労することは可能であることが示された。
確認・留意事項：対人関係で苦手な部分もあるのでコミュニケーションでサポートが必要なこと、長期間休業のため段階的に負荷をかけるようにすること、さまざまなストレスが緊張感につながるおそれがあるため、様子をみながらフォローできる環境を作ることとなった。

4　不調からの復職者への配慮とは

相談者 Aさん	女性　20歳代後半　独身　高卒　会社員（IT企業勤務、 事務業務）

主　訴	復職して3週間たつが、周囲の期待に応えられていないと 思い、不安が大きくなってきた。

▌相談室から

　相談者Aさんからメールにて予約が入り、メールをいただいた当日Aさんとお会いしました。

　Aさんは、約束の時間よりちょっと前に来室され、申し訳なさそうな小さな声で話し始めました。

　「中途入社してから2年ほどたったころに心身の不調を感じ、主治医の指導を受けて自宅療養となり、4カ月の療養を経て、3週間ほど前に復職したところです。職場の皆さんはとてもやさしく接してくれて、仕事量が増えすぎないよう、それぞれの人は業務面でもよく気遣ってくれます。ただ、3〜4人のアシスタントのような業務なので自分の担当がはっきりせず、だれの仕事を優先したらいいのかわからないのです。常に、『○○さんの仕事が後回しになっていないか？』『○○さんに失礼なことをしていないか？』と不安になり、自分が役に立っていないと思って気分が沈んだり、就寝前に

会社のことを考えてしまう日が多くなってきました」

　自宅療養になったころの苦しみを思い出し涙ぐみ、せっかく復職できたのにまた不調になってしまうのではないかという先々への不安も話しました。その後、いまは生活リズムを崩さず、毎日出勤ができることを優先に考えますとのことで、1回目の面談を終了しました。

　1週間後に2回目カウンセリングでお会いしたところ、「やはり自分が周囲の役に立てていないのではないかとの不安は変わりません。先輩・同僚が昼食に誘ってくれて一緒に行きますが、『自分が輪のなかに入れてないのではないか？』『自分の受け答えが会話からずれているのではないか？』と思い、ひどく汗をかくことが増え、むしろ緊張感が増しているように思います」と語り始めました。

　生活リズムのことを尋ねると、「帰宅後も会社のことが頭から離れず、ここ数日は眠りづらくなっているので、体調面や仕事の進め方の迷いが強いことを職場や人事の人に話したほうがいいと思う」とのこと。気持ちは固まったが、自分では話す決心がつかない、カウンセラーから人事に話してほしいと訴えられました。

　そこで、カウンセラーは、Aさんの気持ちと状況を人事に説明し「相談対応ミーティング」会議に参加し、業務指示者を1人にして報・連・相を一本化するという対応が決まりました。

　その後、人事から職場へも、Aさんの気持ちと状況および対応策が連携され、Aさんの不安は少なくなり、さらに先々への目標も意識するようになり、つつがなく業務に向かうことができるようになりました。

　今後は、自分をだめだと思うのではなく、自分を認められるよう認知の幅を広げていくことを目標に、カウンセリングを継続するこ

とになりました。

▮ 人事の方へ

　不調からの職場復帰直後の方には、特別な気配りや配慮をし、体調維持と業務内容や職場環境に留意して慎重に対応されていることと思います。

　今回の復職者Aさんの事例は、職場復帰直後の業務上の負担を軽減しようと配慮したつもりが、反対に復職者へ過度な不安や緊張を生じさせてしまったというものです。復職者の気持ちや状況の確認が不十分だったために起こった問題でした。

　カウンセラーが人事担当者に相談者の気持ちや状況を伝えたところ、復職者の対応をその職場にすっかり任せきりになっていたこともわかりました。

　職場復帰者も職場のメンバーも、担当業務は違いますしそれぞれの特性がありますから、一人ひとりの声をしっかり聴いていくことが大切です。復職者の強み・弱みを確認し、復職者自身と職場のメンバーとが理解し合って業務に当たれることが、復職者の安心・安全をもたらし、健やかに働き続けていけることになると思います。そして、このことが次の不調を出さないことへの予防にもつながるものだと確信しています。

　また、今回のことで、人事担当者と職場との連携を深めていくことが職場復帰者のサポートにつながっていくことも明らかになりました。復職直後は業務負荷を軽減するという型にはまった対応だけでなく、一人ひとりに合ったサポートをしていくことが重要だということを再認識することができました。また、カウンセラーが連絡した当日に、人事担当者が職場と当事者に速やかに対応をしたこと

で、不調の増幅を妨ぐことができた事例でもあります。

〈カウンセリングの経過〉　　　CL：クライエント　CO：カウンセラー

カウンセリング予約　　　　　　　　　　　　　　○年6月○日

初回　　　　　　　　　　　　　　　　　　　　　○年6月○日

CL：復職して3週間ほどたったが自分が役に立てていないの
ではないかと不安になりつつある（涙を流す）。夜、また不調
に戻るのではないかと考え込んでしまう。

CO：傾聴し、CLの不安を受容。復職直後の「生活リズムを崩
さない」という目標を確認し、カウンセリングの継続を提案。

2回目　　　　　　　　　　　　　　○年6月○日＋1週間

CL：不安・緊張が増しているように感じる。眠りづらい日も
出てきていて体調も心配になってきた。人事に話をしたいが自
分ではうまく伝えられそうにないので、カウンセラーにお願い
したい。

CO：睡眠が不安定傾向なこともあり、CLの申出を了解。自分
の状況を伝える決断を支援、支持する。何をどう伝えるか、メ
モを取りながらCLと確認。

カウンセラーから人事担当者に対応依頼を連絡

　　　　　　　　　　　　○年6月○日＋1週間、当日

「相談対応ミーティング」開催と参加依頼を受ける

　　　　　　　　　　　　○年6月○日＋1週間、当日

「相談対応ミーティング」開催　　○年6月○日＋1週間、当日

参加者：人事担当者、職場の課長、保健師、カウンセラー
決定内容：復職者Aさんの業務リーダーを先輩Bに。Aさんに依頼したいことはB先輩にまとめることとすると同時に、B先輩の業務をAさんに指導し、業務移管していくこととした。

3回目 　　　　　　　　　　　　　　○年6月○日＋3週間

CL：B先輩がコントロールしてくれてB先輩からだけ業務指示が出るようになった。質問も報告もB先輩だけになったので、とても気が楽になった。B先輩の仕事も教えてもらうことになり、勉強して将来B先輩のように仕事をしたいと目標がみえてきたような気がする。自分はどうしても自分をマイナスにとらえてしまうという面に気づいた。

CO：Aさんの気づきを支持。今後のカウンセリングの目標を「認知を広げる」ことと合意した。

5　やる気が出ず自分を責める新人

相談者 Aさん | 女性　20代前半　大卒　両親と同居　会社員（入社2年目）営業部所属

主訴 | やる気が出ない。そんな自分を責めてしまう。会社に行くのがつらい。

相談室から

　コロナ禍での相談でしたが、Aさんはリモートではなく対面を希望され、予約した朝10時ちょうどに来談しました。出迎えると、うつむいたまま頭を下げました。だいぶ疲れているように見えました。カウンセリングは初めてということでしたので、「ここに電話をするのは勇気がいったのではないですか」と声をかけると、大きな目からポロポロと涙がこぼれました。以下、Aさんからの相談内容です。

　ゴールデンウィークを境に、会社に行きたくないと思う気持ちが強くなりました。仕事に対してモチベーションが上がらなくなり、些細なミスが増えてしまいました。1年目は楽しかったです。研修期間に仲間もできましたし、OJTでは指導係の先輩とペアになって得意先を回るので、安心して仕事ができました。独り立ちした後も

成績が上がるのがうれしかったです。なのに、最近はふと「自分は何をやっているんだろう」と虚しくなり、涙が出てきてしまいます。コロナ禍のせいもあるかもしれませんが、仕事に集中できません。ちゃんと取り組んで売上げを達成しなければと気持ちばかり焦って、毎週数字に追い立てられている感じがして、つらいのです。

　上司ともうまく話せません。上司は40代男性で、声が大きく威圧的な感じがするので、苦手です。一度顧客のことで相談したら「そんな初歩的なことを聞くなんて、いままで何やってたんだ」と言われました。リモートでのやり取りだったせいか、現状をうまく伝えられず、上司からは「スピード感を持て」というだけで具体的なアドバイスはありませんでした。できない自分がダメなんだと落ち込んでしまって、それ以来、上司を避けています。

　もちろん、行動していくことが大事で、目標達成は営業の責務だとも思います。わかっていますが、体が動きません。なぜ、やれないのか理由がわかりません。指導係だった先輩がときどき声をかけてくれますが、先輩は別の新人の育成をしているので、申し訳なくて頼りにくいです。

　ボーイフレンドや学生時代の友人に電話やLINEで相談してみましたが、営業職ではないので本音のところはわかってもらえません。自分もつまらない愚痴を聞かせて、不愉快な思いをさせたくないと思って、話題にしないようにしています。いまは人と話すのも煩わしくなっています。自分らしくないと思います。

　食欲もあまりわきません。なかなか寝つけず、寝ても仕事の夢を見て起きてしまいます。朝起きると仕事に行きたくないと思うようになり、昨日ついに会社を休んでしまいました。このままではいけないと思い、相談室に電話をし、予約しました。

「ずる休みなんて、弱い人間のすることですよね」。Ａさんは自分を責めていました。カウンセラーが「休むことで、自分を守る工夫をしたのだと思いましたよ。それだけしんどかったのではないでしょうか。一人では抱えきれないつらさもあります。一緒にやっていきましょう」と話すと、Ａさんはほっとしたようにうなずきました。

　Ａさんは教師の父と元教師の母と３人で暮らしています。大学入学当初は教職をめざしていましたが、オフィス街のカフェでバイトをするうちに、自分も企業でバリバリ働きたいと思うようになりました。「親は私に教職に就いてほしいと思っていたんです。だから、家では口が裂けてもつらいなんていえない。とくに母には。でも、母は食欲がないことを心配していて、うつ病になったらどうするのって。そんなことあるわけないって言い返しているんですけど……」

　Ａさん自身も最近の心身の不調を不安に感じていたので、カウンセラーはCES－D抑うつ気分尺度*の質問紙を用いて、Ａさんのここ１週間のうつ気分や身体症状、対人関係、ポジティブ感情について一緒に確認しました。カットオフ16〜17/60点のうち20点でした。質問項目では身体症状とネガティブ感情がやや高い得点でした。

　「私、自分が思っているよりずっとつらかったんだ」

　ＡさんはCES－Dの結果を持って、その日のうちに心療内科を受診しました。医師からは軽い抑うつ状態と診断され、心身を整えるために休みを取るようにと指示を受けました。Ａさんはそのことを上司ではなく、上位の上司に伝え、２週間休暇を取ることになりました。

　出社せず苦手な上司に会わないことで、Ａさんはまとまった睡眠

を取ることができ、食欲も戻ってきました。母親と美術館に行くなど活動するエネルギーも出てきました。一方で、仕事をする意義を見いだせないままだったＡさんは医師から勧められ、カウンセリングを継続していくことにしました。

　Ａさんは出社の前日に来談しました。背筋も伸びていて前回に比べて元気になっていましたが、いまだやる気が出ずに落ち込むし、上司に会うのもつらいとのことでした。カウンセラーは、Ａさんがこれまでの人生をどうやって困難を乗り越えてやってきたのか、ともに振り返り確認するために『人生曲線』を行うことにしました。

　『人生曲線』は自己理解を促進するワークで、集団でも実施できます。やり方は簡単です。対象者の目の前にＡ４白紙と鉛筆を横位置で置きます。紙の真ん中を指して、左から右に線を１本引いてもらいます。左を０歳として、自分の人生の目盛をつけてもらいます。100歳まで書く人もいれば、現在の年齢までで後は目盛をつけない人もいます。それぞれの方の思いのままにつけてもらいます。そこまでできたら、「上はポジティブ、下はネガティブとして、人生山あり谷ありの曲線を書いてみましょう」と教示を伝えます。

　Ａさんの場合、目盛は実年齢まででした。その先の人生設計はこれから、ということでしょう。Ａさんは０歳を起点とし、なだらかな山を描きました。11歳から12歳になるとその線は谷になりました。

　「実は私、６年生のときいじめられていたんです。担任の先生に相談したけど、助けてくれなかった」

　Ａさんは親と相談し、いじめグループと離れるしかないと考え、レベルの高い中学を受験したそうです。「高いハードルだったけど、がんばった。入学できてすごく楽になった」。カウンセラーは当時の自分を振り返るＡさんをねぎらいながら、Ａさんの生きる力につ

いて一緒に振り返りました。Aさんは、自分には周りにサポートを伝える力、環境を変える意思と決断する力、そして目標に向かって努力する力があること、それがいまもちゃんと活かされていることを再認識しました。

　3度目のカウンセリングでAさんはいじめられていた当時の担任の先生が声が大きく威圧的で、上司と似たタイプだったことを思い出しました。「ああ、だから上司に対して話しづらいと思ってしまったんだ。人生ってつながっているんですね」。この気づきをきっかけに、Aさんは上司と少しずつですが、話せるようになりました。上司も大声ではなく、柔らかい声で丁寧に接してくれているとのことでした。

　いまAさんは5年後、10年後、20年後の自分の人生設計を考えている最中です。仕事では数字だけにとらわれるのではなく、顧客を理解しようと率先して得意先に足を運んでいます。仕事に手ごたえも感じています。いたずらに自分を責めることもなくなりました。

＊CES－D（the Center for Epidemiologic Studies Depression Scale）米国国立精神保健研究所で開発された抑うつ尺度、抑うつ気分、身体症状に加え、対人関係やポジティブ感情の項目もある。

‖ 人事の方へ

　新規学卒者の3年以内の離職率は、ここ10年来3割程度で推移しています。（独）労働政策研究・研修機構の調べによると、労働条件のほかに仕事への適性やキャリアアップ、人間関係なども離職理由の上位を占めています。今回取り上げた営業職のような数値目標がある業種は、即戦力を求められるため、新人であっても責任を果たそうと無理を続けてしまいがちです。

加えて、リモートでの業務は、新人にとって指示がつかみにくく、言葉が対面より強く伝わってしまうこともあるようです。ゆえに管理者は部下の様子に気を配り、相談しやすい雰囲気を作ることが大切です。

　最近の発達心理学では、成人期は20代後半から30代前半といわれています。そう考えると、新人社員はまだまだ自分を模索している段階ともいえます。1人で悩みを抱え込まないために、先輩社員がメンターとなって定期的に会うような機会があると心強いでしょう。メンターを通して、自分の将来像を具体的に考えることができるという利点もあります。また、自己理解やライフキャリアを考える研修なども本人の成長を支えるのに有効です。コロナ禍という環境ですので、気持ちの揺れやすい新規学卒者には、これまで以上のサポートが求められているといえるでしょう。

〈カウンセリングの経過〉 　　　CL：クライエント　CO：カウンセラー

初回 　　　　　　　　　　　　　　　　○年7月1週

CL：GWを境に、会社に行くのがつらくなった。仕事のモチベーションが上がらず、ミスが増えていた。寝ても仕事の夢を見て起きてしまう。昨日ついにズル休みをしてしまった。自分は弱い人間だ。

CO：やる気が出ず自分を責めてしまう気持ちに寄り添い、休むことはズルではなく自分を守る工夫だと伝えた。CLはCES－Dの結果を受け止め、心療内科を受診した。

受診経過 　　　　　　　　　　　　　○年7月1〜2週

診断は、軽い抑うつ状態、服薬はなく、休みを取るよう指示を

受けた。CLは上位の上司に伝え、2週間の休暇を取った。休暇中は眠れるようになり、食欲も出てきた。ボーイフレンドと出かけるなど活動力が戻ってきた。一方で仕事をする意義を見いだせず落ち込みも残っていたため、医師の勧めを受け、カウンセリングを継続していくことになった。

2回目　　　　　　　　　　　　　　　　　　　　○年7月3週

CL：体は元気になってきたが、仕事をする意義を見いだせず、落ち込んでしまう。

CO：『人生曲線』ワークを行い、CLが人生を見つめ直し、自分の強みや生きる力を再認識できるよう対応した。

3回目　　　　　　　　　　　　　　　　　　　　○年8月1週

CL：前回ワークをやって、いじめられていたときの担任が声が大きくて威圧的だったことを思い出した。CLは担任が職場の上司と似たタイプだったことに気づいた。CLは「人生はつながっているんだ」と自覚した。

　この気づき以降、CLは上司に対して以前より緊張せずに話せるようになった。

　CLは4回目以降もCOとの対話を通して、自己理解を深めて、現在は5年後、10年後、20年後の自分の人生設計を考えるようになっている。仕事に対してやる気も出てきて、成績だけでなく顧客理解にも努めている。自分を責める言動もみられなくなった。

第6章

両立支援の問題

1　男性の育児休業の現実

相談者
Aさん ┃ 男性　30代後半　高卒　妻と子ども2人　会社員（地方営業所勤務）

主　訴 ┃ 妻から育児休業を求められた。人事は育児休業の取得を勧めてくれたが、現場の理解が得られない。

▌相談室から

　地方営業所への春の定期カウンセリング時に、2年前に転入者面談でお会いしたことのあるAさんが来談。快活な印象の方でしたが表情が硬く、困った様子で話し始めました。

　「3人目の子どもが秋に生まれます。妻は別の会社の管理職で、『大事なプロジェクトがあるので、今度はあなたが育児休業してほしい』と言われました。本社の人事に自分のこととはいわずに確認したら、育児休業の取得は可能とのことだったので所長に申し出たところ、『前例がない』と嫌な顔をされてショックでした。あきらめたほうがいいのでしょうか？」と話をされるなかで、会社への失望や不信もうかがえました。

　2週間後、本社相談室にAさんから電話があり、会社の対応で妻とも喧嘩になったこと、人事には育児休業の取得を勧められたものの、現場では取得を申し出て以来、ぎくしゃくしていづらいのだと

語りました。苦しそうな声で「育児休業なんか考えなきゃよかった」と、混乱をカウンセラーにぶつけます。話を聴くうちに少し落ち着かれ、「やはり家族のためには育児休業したい。営業所には戻りたいのでどうすればいいのか、人事に状況を伝えてもらえないでしょうか?」との希望が述べられました。電話を終え、人事担当者に連絡をとると、すぐに相談室に来てくださいました。

　人事担当者に伝えると、「男女含めた育児休業取得を促進するようにと会社からいわれているものの、具体的にどうすればいいかわかりませんでした。A氏から問合せがあったときは、いい例になる!　と喜んだものですが、いま話を聞いて、会社と現場の温度差を感じました。営業所は大変な時期で、所長も業績を思うと代替要員を本社に言い出しにくいところがあったのでしょう。当社の場合、とくに男性の休業促進にはそんな配慮が必要なこともよくわかりました。双方に不利益のないよう対応したい」と、男性の育児休業の現実をご理解いただきました。

　その後、人事担当者が営業所へ出向き、Aさんも交えて詳しい説明をしたことで所長も納得。「9月から1年間の育児休業が決まりました」と、Aさんから明るい声で報告がありました。「一時は会社が嫌いになったけれど、人事をはじめ営業所でも自分を大事にしてくれていることがわかって安心しました。感謝して、これからもがんばらなくては」と、すっかり以前の快活なAさんに戻っていました。

▍人事の方へ

　2017年の改正育児・介護休業法施行により、男女含めた育児休業取得および育児目的休暇導入の促進に努力されている職場も多いことと思われます*。

この事例は、そうした国や会社の方針と現場の実態にギャップが
あるために、権利を受けるべき労働者が苦しみ、会社不信に陥り、
結果として取得が阻害される危険性をはらんだものでした。対応に
よっては"パタニティ・ハラスメント"にもなりかねず、これにつ
いても「育児休業等に関するハラスメントの防止措置」（2017年）
が義務づけられています。

　相談者の依頼により面談した人事担当者も、そうした需要の把握
や現場の実態がつかみきれずにいました。改正育児・介護休業法で
は、「子どもが生まれる予定の方などに制度を周知する措置」が加
わりましたが、プライバシー保護のため、労働者が自発的に知らせ
ることが前提となっているからです。

　今回は、対象者が自発的に人事に問い合わせ、カウンセラーに相
談に来てくれたこと、カウンセラーが連絡した人事担当者がすぐに
双方に配慮ある対応をしてくださったことが、危険を回避し、労働
者や職場の安定につながりました。何よりも、「自発的に人事に問
合せできる」「気軽にカウンセラーに相談できる」社内風土が作れ
ていたことが功を奏しています。

　新しい法制度や社内制度について、社員に周知徹底するのはなか
なか難しいことです。人事では、ちょうど社員向けに「改正育児・
介護休業法のしおり　○○社版」を作成し、配付するところでし
た。そのなかには、カウンセラーも含めた相談窓口も記載されてい
ます。また、Ａさんら育児・介護休業者について、社内報で特集を
組むことも考えているようです。こうした地道な努力を重ねること
が大切なのだなあ、と改めて思った例でもありました。

　この後、営業所での秋の定期カウンセリング時に、Ａさんに三男
が誕生したことをうかがいました。所長が、Ａさんから届いた赤

ちゃんの写真を見せ、まるで自分の孫が生まれたかのように、うれしそうに話しているのが印象的でした。

　年が明け、Ａさんが赤ちゃんを連れて相談室に立ち寄ってくれました。なんとも穏やかな笑顔です。「毎日大変だけど、すごく充実。こんな幸せがあることを自分は知りませんでした。機会を与えてくれた会社に本当に感謝しています。負い目もあるけど、戻ったら返していけます。制度は、自分も周りもわかっていないと使えません。だから、ほかの人にも勧めたいし、息子たちにも絶対取れよと伝えていきたいです」と、目を輝かせました。

　Ａさんが上司となったとき、きっと皆が働きやすい会社になっていることでしょう。

〈カウンセリングの経過〉　　　　CL：クライエント　CO：カウンセラー

初回　　　　　　　　　　　　　　　　　　〇年３月１週

CL：３人目の子どもが９月に生まれる。妻は管理職で忙しく、私が育児休業を取得することを求められた。人事に確認して所長に申し出たが、「前例がない」と嫌な顔をされた。あきらめたほうがいいのか？

CO：祝辞を述べ傾聴、状況確認。３人目の喜びと家族への思い、会社への失望と不安な気持ちを受け止めた。会社制度や職場の人間関係の確認、育児休業法の説明をして、再度家族とも相談してどうするか決めるよう促した。

２回目（電話相談）　　　　　　　　　　　〇年３月３週

CL：「そんな会社辞めて専業主夫になれば！」と妻に怒られて、辞める気はないので取得しようと思った。思い切って本社

115

の人事に電話したら「男性の育休取得を応援する」と勧められ、説明も受けたが、所長に嫌な顔をされたとは言えなかった。所長への申出以来、所長や所員は自分に冷ややかでいづらくなっており、余計立場が悪くなるのは嫌だった。

CO：家族と会社の狭間でつらい様子を受け止め、所長への申出についてCLと話し合う。所長に申請書を提出するので、COからも人事に状況を伝えてほしいと依頼される。

カウンセラーから人事担当者に連絡→同日面談　〇年３月３週

人事担当者：現場の声を聴けてありがたい。営業所も大変なので、双方に不利益がないよう、現場のフォローも含めて対応したい。社員に向けても、育児介護休業法についての冊子を作成中なので、配付して理解を促していく。

３回目　　　　　　　　　　　　　　　　　　　　〇年４月２週

CL：先週、人事担当者が来所し、所長と３人で話した。担当者から、会社の育児休業制度と休業中のフォロー体制の詳しい説明があり、所長も納得してくれた。所長は「会社に迷惑をかけると思っていた」と言い、会社の「育児休業を促進する」との姿勢にほっとしたようだ。妻も「いい会社じゃないの」と笑ってくれて、ますます３人目が楽しみになった。

CO：育児休業取得をともに喜び、これからの職場や家庭でのかかわりについて話し合う。

＊　2021年６月に育児・介護休業法が改正され、男性の育児休業取得促進のための新たな取組みも盛り込まれました。

2　子育てと仕事を両立できるか悩む 男性社員

相談者 Aさん	男性　30歳半ば　大卒　妻と2人暮らし　共働き　会社員

主　訴	育児休業を取得したいが、男性でも取得できるか不安である。

▌相談室から

　Aさんから相談予約のメールが入っていました。Aさんは、上手に相談室を利用してきた30歳代半ばの社員。今回の相談内容は「子どもができた。ほしいと思っていたのでとてもうれしい。ただ、心配なこともあるので相談したい」とのこと。

　相談室に来たAさんは、子どもができた喜びから話し出しました。

　「子どもは結婚してからずっとほしいと思っていました。なかなかできなかったので不安になり、『不妊治療をしないとだめなのではないか』と話し合っていた矢先でした。子どもができたと聞いたときはとてもうれしかったけれど、妻も仕事をしており、自分も忙しくしているので、このまま共働きをしながら子育てをしていくのはかなり大変そうです。お互いの両親は地方にいて助けてもらうことは難しい。子どもができたら、妻に仕事を辞めてもらうしかないのだろうか？　妻とは何度も話し合ってきましたが、2人だけでは

117

堂々巡りになってしまうのです。相談に乗ってください」

　部長には子どもができたことを報告、育児休業を取りたいことも話した、とのこと。部長からは「取れるようなら取ったらよい」と言われたけれど、仕事は相変わらず忙しく、直属の上司と２人でやっと回している感じだ、と話します。

　また、Ａさんがいつも話を聞いてあげている障害者の社員のことも心配していました。「障害者に配慮がない」「前の職場ではもっと手厚く配慮してくれた」と、仕事に取り組もうとしないのだそうです。「自分が休んだら彼の面倒はだれがみるのだろうか」。部長の言った「取れるようなら〜」が気になります。取れるように人の手当てをしてくれるなど、配慮してくれるようには思えなくて、と不安な気持ちを話しました。

　自分が育児休業を取ったときに一番困るのは、仕事で密接な関係がある直属の上司です。たとえば、営業部門からの相談に応えられるのは上司か自分しかいません。相談に乗らなければ彼らが困るだけでなく仕事が滞りますが、すべてを１人でさばくのは無理があります。

　休むだけならば、年次休暇がたくさん残っているのでそれを充てればよいけれど、休んで職場に復帰しても子育ては続くので、職場の同僚には迷惑をかけることも多いと思います。どう思われるか、人間関係には気を遣う、とのことでした。その後、Ａさんは何度も相談室を訪れて、少しずつ問題解決の糸口をみつけていきました。

▌ 人事の方へ

　日本はいま、死亡者数が出生者数を上回り、総人口が減少に転じています。21世紀半ばには総人口が１億人を割り込み、2100年の総

人口は現在の半分以下になると見込まれています。人口の高齢化も
さらに進行し、3人に1人が65歳以上という極端な少子高齢社会に
なります。急激な人口の減少は、日本経済や社会保障の問題にとど
まらず、国や社会の存立の基盤さえ危うくします。政府は、1990年
代半ばからさまざまな対策を取ってきましたが、この流れを変えら
れませんでした。出生率の低下傾向に歯止めをかけ、向上に転じさ
せるためには、少子化の背景にある社会の意識・常識に気づき、変
えていかなくてはなりません。生命を次世代に伝え育むこと、子ど
もと家族を大切にする視点に立った施策、たとえば家庭と仕事の両
立を可能にする施策が求められます。

　子育て支援は、単に親の負担を軽くすることが目的ではありませ
ん。職場の働き方を是正し、家事や育児を通して親子や夫婦がとも
に過ごせる時間を増やすなどの仕事と生活の調和を図ることは、子
育ての苦労や喜びを共有し、家族機能や絆を強めることにもつなが
ります。企業には、子育て支援の推進や長時間労働の是正、女性の
継続就労・再就職支援など、働き方の改革が求められているのです。

　職場では、労働基準法が改正されるなどしたことにより、残業時
間管理の徹底や勤務・休暇制度の見直し、育児・介護休業制度や在
宅勤務制度等のワーク・ライフ・バランスを図るための諸制度の整
備、だれでも働き続けやすい職場環境への改善等が矢継ぎ早に提言
され、実施されてきました。法律の改正等に合わせた社内制度の見
直し等で人事の方々は大変なご苦労をされています。しかし、人事
の皆さんは、自分が行っている仕事の意味を上手に社員に伝えてい
るでしょうか。

　男女を問わず新入社員の多くが、子どもができたら育児休業制度
を取りたいと答えているアンケート結果があります（**図1**）。

今回の事例での部長は、制度の存在はわかっていても、このような情報や意味まで理解できているようには思えませんでした。制度を作るときや運用するときは、社員の方々に変化の必要性や意味に気づけるよう伝えてほしいと思います。意識や常識は、おいそれとは変わりません。変えていくためには時間や努力が必要です。

　厚生労働省の雇用均等基本調査（**図2**）によると、女性の育児休業の取得率は、1996年度では49.1％でしたが、2019年度には83.0％と出産後の社会復帰は当たり前になりつつありますが、ここまでくるのに20年の歳月がかかっています。

　相談室では、いまでも育児休業の取得希望を言い出しにくいという話や、職場復帰後の時短勤務時に対する周囲の無理解な言動に心を痛め、孤立感から辞めようかと悩む話を多く聞きます。

図1　育児休業取得希望の推移

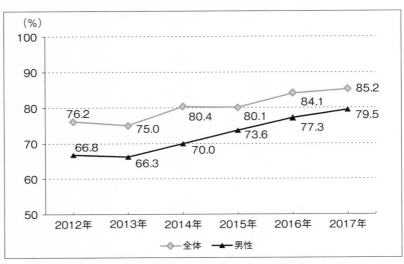

出所：2017年度新入社員秋の意識調査（公益財団法人日本生産性本部）
https://www.jpc-net.jp/research/assets/pdf/R41attached2.pdf

図2　育児休業取得率の推移

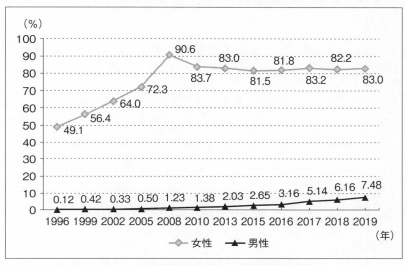

出所：育児休業取得率の推移（厚生労働省「2019年度雇用均等基本調査」）
https://www.mhlw.go.jp/toukei/list／71-r01.html

参考資料

男性の育児休業の取得状況と取得促進のための取り組みについて（厚生労働省　雇用環境・均等局　職業生活両立支援課（2019年7月3日））
https://www8.cao.go.jp/shoushi/shoushika/meeting/consortium/04/pdf/houkoku-2.pdf
育児・介護休業法について（厚生労働省ホームページ）
https://www.mhlw.go.jp/stf/seisakunitsuite/bunya/0000130583.html
男性の育児休業取得率7.48％　過去最高も小幅の上昇（2019年度雇用均等基本調査）（PSRnetwork（2020年8月3日））
https://www.psrn.jp/topics/detail.php?id＝12289
2017年度新入社員秋の意識調査（公益財団法人日本生産性本部）
https://www.jpc-net.jp/research/assets/pdf/R41attached2.pdf

<カウンセリングの経過>　　　　　CL：クライエント　CO：カウンセラー

初回　　　　　　　　　　　　　　　　　○年○月△日

CL：子どもがほしいが、子どもを授かっても共働きでだれか
らも援助を受けられないため、悩んできた。子どもができてう
れしいが、悩みがより現実的になった。部長には子どもができ
たことを報告、育児休業を取りたいと話した。部長からは「取
れるようなら取ったらよい」と言われた。仕事は相変わらず忙
しい。いまの状態では休めそうもない。部長はそれを見越して
いるようにも思う。

2回目　　　　　　　　　　　　　　○年○月△日＋1カ月

CL：妻の実家は介護があって、人の手を借りたいほどだ。自
分の実家も共働きなので、援助してもらうのは難しい。それで
妻は初産で不安だが、こちらで出産することにした。妻からは
「休んでくれるよね」と言われている。どうしても育児休業が
取りたい。制度としてはあるが、取っている人はいるのだろう
か？
CO：制度を利用するのに、いま、あなたがしなくてはいけな
いことはどんなことだと思いますか？

3回目　　　　　　　　　　　　　　○年○月△日＋2カ月

CL：男性の育児休業の取得率を確認した。育児休業を利用し
たかったが利用できなかった人が3割いる。その理由は、「業
務が繁忙で職場の人手が不足していた」や、「育児休業を取得
しづらい雰囲気だった」であった。このままでは自分もそう

なってしまいそうで不安。

CO：制度を利用するための方法が何か考えられますか？

4回目　　　　　　　　　　　　　〇年〇月△日＋３カ月

CL：直属の上司は全面的に協力すると言ってくれている。彼女がいれば仕事の内容はすべてわかっているので、あとは人手があれば迷惑をかけなくて済む。人事異動なのか派遣社員等で手当てするのかわからない。その辺はお任せだが時間の余裕があれば引継ぎもできるので早くしてほしい。

5回目　　　　　　　　　　　　　〇年〇月△日＋４カ月

CL：直属の上司から申請書類をもらった。申請書類をもらう、または提出することで自分の希望が正式になり、その後の手続きが進むことに気がついた。口頭報告や希望だけでは部長も動けなかったのだろう。

　自分は職場に迷惑をかけないようにとか、子育ての期間は長いのでなにかと迷惑をかけそうだとか、考えすぎてしまっていた。育休から職場に復帰し、時短で早く帰る女性社員が「お先に失礼しますと挨拶しても、職場の同僚に無視され、だれも挨拶を返してくれない。残業したときだけ、他の社員と同じように『お疲れさま』と返してもらえる」と悩んでいるのを聞いていた。また部長は、自分のことも仕事のことも何もわかっていないと思っていた。自分は育休を取らないと思われているらしいが、家では「休んでくれるよね」と言われていて板挟みになっていた。妻の母は祖父の介護があるので、不安だけれどこ

ちらで出産することにした。実家の母も共働きで、来てくれとは言いにくい。妻も気を遣うだろうし。どうしよう。眠れない。どうしたらよいかわからない。

その後

　Ａさんは妻の出産と同時に育児休業に入り、妻と一緒に子育てに励んでいる。

　相談室で感じる会社の問題や課題を共有し、対策を検討する人事との定例の会議で、育児・介護休業制度の取得状況や実態調査の必要性が話題に上った。ロールモデルについても、みつけやすくする方法やメンタリング制度の活用を検討するとのこと。

　また、毎年実施している管理者向けメンタルヘルス研修の事例検討で、このようなケースを取り上げることになった。

3　育休からの復帰と時短申請

相談者Ａさん	女性　30歳　会社員（営業事務）　育休から復帰して数カ月

主　訴	いつも自分だけ定時上がりで、申し訳ない思いでいっぱい。

▌相談室より

　Aさんが、真っ青な顔で相談室に入ってきました。硬い表情で、切羽詰まって言葉にならず、「もう無理」と言ったきり、涙が溢れました。ゆっくり、じっくりと聴いていくと、次のように話してくれました。

　「育休明けで、たださえ忙しい部署なのに、いつも自分だけ定時上がりで申し訳ない思いでいっぱいです。帰る際に『お先に失礼します』といっても挨拶はだれからも返ってきません。忙しいのと気づかないのと……。必死で時間内に終わるようにフル回転している毎日。健診や発熱で休んでも、あてこすりを言われます。ただ、1年離れただけなのに、ソフトも変わり戸惑って、まったく調子が出ません。ミスは頻発する、仕事はたまる……。夫は相変わらず遅いし、疲れているので何も言えない。義母が時々協力してくれるが、気になる所が違っていて、でもお願いしているのだから何も言えない。『大丈夫』と考えた自分が甘かった。夜も、夜泣きがあってもなくても、近ごろはまったく眠れない。もうぱんぱんです」

　1人で頑張って、がまんしてきたストレスがいっぱいでした。

　ここまで話せたことで少し力が抜けたようでしたが、動悸や息苦しさなどもあり、呼吸法などで落ち着いてもらいました。また食べ物の味がしない、睡眠もずっとうまくいかないとのことから、心療内科をお勧めしました。そして、とにかく夫に話してみようと、どんなふうになら話せそうか、具体的に一緒に考えました。

　2回目は心療内科を受診し「服薬もでき、だいぶ楽になってきました」と、少し落ち着いた様子で来られました。じっくりお聴きするなかで、育休明け以来、忙しい部署で自分だけ定時上がりで気が

重く、また帰宅しても初めての育児でいっぱいいっぱいだったこと。忙しい夫にも義母にも気を遣い、職場も家も1人で必死にがんばり、限界だった。そんな自分の状態に気づき、やっと認めることができたこと。受診を機に、夫にも話をすることができたこと。前回、相談で話をして受け止めてもらった体験が、知らず知らずのうちに力になっていることなどを話されました。

　「でも、職場ではやはりどうしてよいかわからないです。復帰したとたんに派遣社員が他部署へ移され、残業できないのに仕事が山積みです。復帰前の申請票で、時短制度使用は不要に「○」を記入して出した自分が悪いんです。長く休ませてもらったし、定時上がりで十分可能と思ったから……。結局、定時でも気が引けるのだから、とても時短なんて使えませんけど」。実は、来年はどうも時短を申請しないとやっていけそうにないけれど、恐ろしくてとても言えないと話しました。もちろん制度は使うためにあり、妨害があればハラスメントですが、実際、ここ数年で育休後に時短を申請・利用した人はいなかったのです。いまは仕事には行けているけれど、時短を申請したら上司や周りにまた何を言われるかと思うと心臓がばくばくして息苦しくなりそう、人事相談も無理、ということで、呼吸法等を再度実施しました。

　その後、3回、4回と相談を進め、ご自身の傾向として完璧主義なところがあること、そこからいまの仕事状況をあまりに不十分で申し訳ない、だめだと思いすぎることも気づいてきました。あせってミスも連発。その引け目から、必要な確認や働きかけ、コミュニケーションが十分でないときもあること。またいまの仕事が好きなこと、自分にとってどう大事なのか、なども言葉にして整理しました。

　そして、ちょうどハラスメント研修があり、対応が少し和らいだ

ころ、5回目の相談で、初めて時短の申請について、上司に話して
みようと思うという言葉が出てきました。そこで、話し方について
援助しました。

　6回目の相談では、結局、思い切って出したＡさんの次年度時短
申請は、すんなり受理されたとのこと。「もっと仕事をしたいので
すが、しばらくはこの枠で目一杯がんばります」と思いも言えて、
すっきりしたようでした。同僚とも少しずつ話せるようになり、業
務量のこと等、Ａさんだけではない困り事として部署内で共有で
き、仕事の分担の提案にもつながりました。

　Ａさんは、自分の弱みについて語ることで自身に気づき、コミュ
ニケーションの幅が広がり、"1人でがんばる"から共有協働へと、家
庭や職場で自分自身の幅を広げてきています。早めに相談すること
によるセルフケアも、呼吸法等とともに身に付いてきたようでした。

█ 人事の方へ

　しっかりとした制度はあるけれど使いづらい、人事の相談窓口は
行きにくい、そんな状況下で起きた事例です。育休明けは心身とも
に過酷なことになりがちで、健康を損ねやすいものです。個々人の
課題が出るとともにセルフケアが大切になります。また、必死で仕
事に向き合う時、育児や必要な休みに関して揶揄やあてこすりを
言ったり、定時上がりや不慣れからの戸惑いを仕事への決めつけや
嫌味につなげたりするようでは、いけませんね。忙しい業務状況の
常態化が、ハラスメントや本来の制度の使いづらさを助長すること
にもなります。

　また、会社には相談したくない本人の意向を尊重して守りつつ、
人事と可能な連携をして改善を図ろうとするとき、定期的な懇談会

などがあると有効です。今回のケースでは、カウンセラーは育休明け後の時短勤務制度（育児短時間勤務）をめぐる状況について、固有名詞を出さずに人事へ話す旨、Aさんに同意していただき、半期ごとに行われる人事との懇談会で話しました。すると時短申請を言い出せなかったという複数例があったことから、人事で検討が始まりました。

　育休後の元気は、職場の元気。育休復帰者の受入れは、量的・質的に適切な人員配置を含め、状況確認や修正ができる、職場改善の好機とする仕組みを作りましょう。制度当該者だけでなく、共に働く皆にとってよいなら、ハラスメントどころか一挙両得です。育休に限らず、さまざまな復帰や両立支援でも同様です。

　今回も上司や人事が状況を把握できていれば、職場のストレス状況が違ったとも考えられます。この会社では、今後は育休からの復帰時には必ず面談を行い、本人のみならず職場メンバーについても状況を確認して復帰後の業務体制を作り、その後も確認面談を実施することとなりました。

　また、カウンセラーから全体的感想として、マタハラを含むハラスメントについて職場の理解を深める必要を感じることについて話をし、体験型研修を実施しました。とくに上司は、無意識の言動や自身のあり方に気づけるような、実習を交えた踏み込んだ研修ができると、ハラスメントのみならず部下対応や日ごろのコミュニケーション改善にも役立ちます。

〈カウンセリングの経過〉　　CL：クライエント　CO：カウンセラー
初回　　　　　　　　　　　　　　　　　　〇年9月□日
CL：育休明けから数カ月。挨拶も返してもらえず、ミスも出

て、あらゆることがうまくいかない。一人定時に帰り、仕事も育児もいっぱいいっぱい。夫にも義母にも頼れない、言えない。

CO：じっくり傾聴した。身体症状から受診を勧める。夫に言えるよう援助。

2回目 〇年9月□日＋14日

CL：少し落ち着いてきた。ぱんぱんだった自分の状態に気づき、認めることができてきた。前回の相談で話すことができ、受け止めてもらえたことが大きい。夫にも話せるようになった。でも職場では、来年度向けに時短申請が必要だが、上司や周囲の人に何を言われるか恐ろしくて言えそうにない。

CO：傾聴。実感、気づきを明確化。怖さを受け止め、その中身を整理。呼吸法などセルフケア援助。

3回目 〇年10月□日、
4回目 10月□日＋14日

CL：完璧にしたくなる傾向に気づいてきた。そのため現状や働き方、自分に否定的になりすぎ、引け目を感じて確認や働きかけ、コミュニケーションが不足となりがちだったと気づく。仕事への思いを整理。

CO：傾聴し、CLの自己探索を援助。出来事の振り返りと別な見方、仕事の意味、スタンスの再確認等へ。

ハラスメント講習会 〇年10月□日＋28日

5回目　　　　　　　　　　　　　　　　　○年11月□日

CL：可能なことをしていけばよいと思えてきた。仕事で大事にしたいこと、上司へのスタンスなどを確認。時短申請について話してみようと思う。

CO：傾聴し、ご自身の立ち位置を模索。CLなりのアサーティブな言い方を援助。

半期の懇談会　　　　　　　　　　　○年11月□日＋14日

6回目　　　　　　　　　　　　　　　　　○年12月□日

CL：時短申請が受理された。上司に意思を言えたのは大きい。同僚とも話せるようになり、業務上の問題点や分担なども相談できるようになってきた（顔がほころぶ）。

CO：自分なりの意思表明ができたこと、家庭、職場とも一人から協働へ広がった安心感と喜びを受け止める。セルフケアについて確認、ひとまず課題確認。終了。

4 乳がんからの職場復帰支援、治療と仕事の両立支援

相談者
Aさん ｜ 女性　40代　家族と同居中　保育関連の仕事　常勤　勤続11年

主　訴 ｜ 乳がんが発見されるまで病気知らずで、元気に明るく勤務。手術後も同じように仕事に戻れると、１カ月後のシフト入りを決めていたが、そうはいかなかった。持ち味の明るさを活かし、副作用等と向き合いながら職場復帰を目指す。

▌相談室から

　健康診断で乳がんがみつかり、手術をすることになったAさんの上司から、手術後には早々に復帰すると決めているが、大丈夫だろうかとの相談がありました。Aさんは主治医の先生から術前の説明をあまり受けておらず、Aさんは「悪いところを切れば良し」との思いでした。上司には、通常の勤務に復帰するには一定期間の自宅療養で体力づくりが必要であることを伝え、Aさんとの面談も行いました。

　実際には、術後の治療内容や方法について人それぞれですが、Aさんの療養期間は思いのほか長くなりました。カウンセラーは、Aさんに、診察のつど主治医に病状を伝え、「問うことをしていきましょう」と、質問の仕方など具体的にお伝えしながら相談を進めま

した。

　主治医の先生へのかかわり方をお伝えすることで、治療にうまくつなげることができたようでした。また、当人の深く思い込まない明るい性格も功を奏したようで、徐々に体力も回復していきました。

　退院後の休職中は、１〜２カ月に１回程度で本人の希望を取り入れて面談を実施しました。経過の確認と疑問点に対する説明を行い、支援を続けてきました。プライバシーに関してはとても気を遣う方だったので、上司の協力も得て留意するようにしました。病状についてどこまで伝えるかについて、はじめは上司にも伝えたくない気持ちだったので、治療が必要な状態のためしばらく休職するということだけで理解していただくようにお願いし、同僚たちへの開示は積極的にはしませんでした。

　慣らし出社後、元の職場への復帰ではなく新たな職場を探すことになり、所属事業本部に組織的な支援の協力をお願いしました。勤務先には事業所・現場が多く、業務内容も多様であったことが幸いし、本人の身体状態、家族状況に合わせて働く場が得られました。無理なく自分を再度活かせる現場へ復帰することができ、まさに治療と仕事の両立する、さらには生活へのバランスも踏まえた職場復帰となりました。

▌両立支援コーディネーターとして

　今回相談を受けたカウンセラーは、産業保健スタッフ・産業看護職でもあり、両立支援コーディネーター*の養成研修を受講済みです。Ａさんの事例では、主治医の先生との接点はあえて作らなかったのですが、Ａさんにはきめ細かく主治医の先生からの話を聴くこと、不明な点を確認することを伝えて、主治医の先生の治療方針を

共有・理解しながら、病状に合わせた対応を心がけてきました。適宜、産業医の先生との連携、状態等を報告しながら、産業医面談の機会も設けて相談してきました。

　Aさん自身、主治医の先生に対して、最初は遠慮気味でしたが、次第に必要なことを聞けるようになりました。結果として、自身の病気の理解と方向性を知ることで、安心して治療を受け、仕事に向かう姿勢ができたと思われます。また、病院からの情報提供がたくさんあり、地域の体験者との交流などもあり、これらが治療と向き合える大きな力になったようです。今度は自らの経験をお伝えしたいと、とても前向きな気持ちを示してくれました。

　今後、職場と医療機関（主治医等）の橋渡しとなる両立支援コーディネーターが、医療と職場の流れをスムーズに進められる実践者として必要とされます。このことを踏まえ、両立支援コーディネーターは、労働者の勤務状態等の情報を主治医に提供し、主治医から治療状況や就業等についての意見書を求め、双方で情報を共有します。治療しながら仕事ができる状態への流れを調整するためにも、大事な役割になります。業務遂行能力も踏まえた就業上の措置等への支援になります。

　業務遂行のための配慮としては、勤務制度について多様性のある取組みがあるといいでしょう。たとえば、時間単位の年次有給休暇、時差出勤、短時間勤務、慣らし勤務、在宅ワークなど、いまは新型コロナウイルス感染症対応とあわせて取り組みやすい状況もあるかもしれません。

　「長く付き合う病気」であるがん等の治療に対しては、職場の理解や待つことのできる意識と体制づくり、「辞めさせない、辞めない、働き続けよう！！」という前向きさが大切です。さらには治療

費、生活費等の経済的な課題もまだまだ多くあると考えられます。今回は幸いにも、経済的な問題がそれほど深刻でなかったことに救われる思いもしています。

　やはり、メンタルヘルス不調も長くなると同じですが、休職することによる減収の問題は、両立支援における大きな課題でもあります。治療継続の期間が長く、医療費も多く必要とする状況、私傷病ではありますが、少しでも当事者の負担が少なくなるよう、傷病手当金の増額や期間延長等にも検討することができれば、治療継続するために大きな支援の糧になると考えられます。両立支援における助成のあり方、検討材料としてもお伝えしたい思いです。

　がんは５年、乳がんは10年のフォローが必要です。まさに長く付き合う病気であり、治療して終わりではなく、その先も続きます。命と折り合うよう、向き合っていく日々になるのです。両立支援コーディネーターは、本人の思いに寄り添う存在になることがより重要な立ち位置の支援だと考えています。

　両立支援コーディネーターは、企業の人事労務担当者や産業保健スタッフ・医療機関の医療従事者・支援機関等が担い手となり、トライアングル型のサポート体制で活動していくことになります。企業内にも支援担当者として活動できるよう、研修の受講等をぜひお勧めします。

〈カウンセリング等の経過〉

健康診断受診

　201Ｘ年２月に健康診断受診の結果、要精査・受診の指示。乳腺外科の専門医を受診し、同６月手術施行の診断。

入院前の面談

5月：手術予定日が決まったことで上司より相談が入る。

6月：入院前に本人と面談し、状態確認。退院1カ月後にはシフト勤務対応の話について、急きょ取消しをお願いすることからかかわりが始まる。

　上司へは、通常復帰するまでにはある一定期間の自宅療養、体力づくりが必要と説明し、その理解を求めた。また、本人には主治医と十分相談し、病状への指示・指導を受けるようお願いした。

手術後の経過

　術後は経過順調で予定どおり退院、その後の病理検査の結果、治療方針が決まり、主治医から改めて説明を受け、同意書を提出。化学療法（2種類）、ホルモン療法の治療実施へ。

8月：化学療法を開始。4サイクル（1サイクル3週間）＋週1回の3カ月間

11月：主治医から「3カ月間の加療期間見込む、感染機会のない軽作業施行可能」の診断。化学療法（点滴）実施後は、吐き気・嘔吐、脱毛の出現、注射（治療）のないときには症状が少し改善される。症状のないときに短時間勤務を考えるが、免疫力低下等を考慮し、産業医面談を実施、相談した。

　長い目でみること、体力回復と保持、日常生活ができることの治療環境を最優先に、再発防止も視野に入れて当面休職を継続することになった。

子ども相手の仕事のため、かつらを使用しても取れるのではないかと心配。ほかにも肌・爪の変色、腕の浮腫等が見られた。２つの治療薬の継続をも考慮し、体力温存への道を選んだ。

職場復帰にあたっての面談

201Ｘ年＋１年４月：再度産業医面談を実施、GOサイン。面談を上司同席で実施した。業務内容を検討し、本人もがんばりたいとの思いがあり、週２日、４時間勤務での慣らし出勤（試し出勤）を始めた。通勤時間に配慮し、体調をみながら徐々に時間延長する復帰プランとしたが、思いのほか体力を消耗し、インフルエンザにかかる、貧血等の出現。体調に合わせながら、本来の業務につかず事務作業等から開始した。

７月：上司の理解はあるものの、その説明が同僚にうまく伝わっておらず、現場の受入れに行き違いがあり、ぎくしゃくしている様子が見られた。そのため、他の現場を見学し、他の上司の支援の受けられる異動先を支援関係者で検討した。双方の上司の支援があり、雰囲気のよい職場がみつかる。ちょうど副作用も改善されてきた。

通院しながらの職場復帰について

11月：業務の関係上、午後勤務の実働４時間、休憩１時間、週４日の勤務。しだいに業務内容も増えてきたが、睡眠・生活リズムは良好に推移した。定期的な通院等は、就労のない日に合わせて支障なくできた。

201Ｘ年＋２年１月：本格的な職場復帰、配属も確定した。結

果的には、両親の介護問題等も抱えていたため、実働5.5時間、週4～5日の勤務とした。社会保険加入は継続、傷病手当金は1年6カ月間の申請を終えた。有給休暇も活用、社内共済会のお見舞金支給もあり、経済的な問題はそれほどなく経過した。副作用、体力低下が思いのほか影響したことが、復帰の長引いた一因でもあった。

がん等の長い治療継続にはアクシデントがつきもの、いかに組織的に対応していくか、支援する側の橋渡しする力が大いに求められるものである。

＊　両立支援コーディネーターは、医療機関、企業、公的相談機関等に所属し、医療や心理学、労働関係法令や労務管理等両立支援に関する基礎的な知識や考え方等の一定の研修を受講し、労働者（患者）や家族からの依頼を受けて患者（労働者）に寄り添いながら相談支援を実施し、また、労働者（患者）、主治医、企業・産業医のコミュニケーションのサポートを行う者とされています。

【参考資料】

◇治療と仕事の両立について

　https://www.mhlw.go.jp/stf/seisakunitsuite/bunya/0000115267.html

○「事業場における治療と仕事の両立支援のためのガイドライン（全体版）」（2021年3月改訂版　厚生労働省）

　・治療と仕事の両立に関する支援制度・機関

○企業・医療機関連携マニュアル

　事業場における治療と仕事の両立支援のためのガイドライン（参考資料）

　・企業・医療機関連携マニュアル（事例編：がん）、（事例編：脳卒中）、（事例編：肝疾患）、（事例編：難病）、（事例編：心疾患）、（事例編：糖尿病）

○仕事とがん治療の両立お役立ちノート（厚生労働省）

　https://chiryoutoshigoto.mhlw.go.jp/dl/library/0000204876.pdf

○心の健康問題により休業した労働者の職場復帰支援の手引き

　https://www.mhlw.go.jp/content/000561013.pdf

・職場復帰支援プログラムのパンフレット

https://www.johas.go.jp/Portals/0/pdf/johoteikyo/return_program.pdf

○2021年度両立支援コーディネーター基礎研修日程～オンライン形式で開催

https://www.johas.go.jp/ryoritsumodel/tabid/1968/Default.aspx

第7章

人間関係・ハラスメントの問題

1　ハラスメントとコンプライアンス

相談者 Aさん	女性　40代前半　大卒　契約社員（製造工場勤務）　仕事はよくできる。離婚していて、子どもを1人育てている。しっかりしている。

主　訴	正社員の女性たちと一緒に同じ仕事をさせられているのに、皆からのけ者にされている。いじめだと思う。会社に行くのがつらく、会社を辞めようと思っている。

▌相談室から

　Aさんは、就業時間内には来にくいからと18時に健康管理室に来室。「最近体調が悪く夜も眠れない。心療内科を受診したところ『抑うつ状態』と言われた。職場環境が悪くこのまま仕事を続けるのは無理なので転職したいと思っているが、最後にカウンセリングを受けようと思った」と話し出しました。

　Aさんは座るなり、「いままでだれにも話せなかった」と胸にたまっていたことを全部吐き出すようにしゃべり始めました。

　「職場は、正規の女性社員が4人、女性派遣社員が1人と契約社員の自分1人がいます。そのうち自分を除く5人の女性で地方特有の仲良しグループができていて自分はそのグループに入れてもらえない。派遣社員はなぜかそのグループに入っていて向こう側にいる。

　自分は離婚していて子どもが1人いるが、子どもに恥じないよう

技術の資格を取って皆と同じ仕事をきちんとやっている。仕事は好きだが、人間関係が悪い。皆が雑談をしていて自分が行くと皆黙ってしまう。これって『いじめ』ですよね」と、カウンセリングの最初のころはそのグループの自分に対する仕打ちばかりを話していました。

　また、「私が相談に来たことは会社にばれないですね？」と相談に来たことを他人に知られるのではないかを気にしていました。カウンセラーが「健康管理室には守秘義務があるので、あなたの同意なしに相談内容が外に漏れることはない」と、説明すると安心した様子でした。

　カウンセリングは回を重ねるにつれて、Ａさんは自分を見つめるようになっていきました。カウンセリングがどういうことをするのか少しずつ理解していくようになり、次のような言葉が発せられるようになりました。「『自分の考えは正しい、他人の考えは間違っている』と、自分は正しい、正しくないにこだわりすぎますね？」「私はものごとをすべて悪く取り、否定的ですね？」「転職しても、また同じような人間関係になるかもしれませんね？」「ひょっとしたら私の発言が問題なのかな？」「自分は話すのは得意と思っていたけど、ひょっとしたらコミュニケーションが下手なのかな？」など、いろいろな気づきが出てくるようになりました。「ハラスメントもいけないけれど、自分にも問題がある」「なぜ職場で皆とうまくいかないかがわかってきたような気がする」「これからのカウンセリングではコミュニケーションの取り方について教えてください」と、Ａさんから要請されるようになりました。

　その後のカウンセリングは、職場でＡさんが体験した事例を基に、カウンセラーと一緒にその場をイメージし、再現して言葉のや

り取りを行いました。

「自分は正しいと思って言ったけれど、言われたほうからすると
すごく感じが悪いですね」と、笑いながら自己理解するようになっ
ていきました。

「自分の思っていることを発言するのはよいことだが、適切な言
い方をしないと相手は嫌な気持ちになるんですね」「頭ではわかっ
ているけど、コミュニケーションって難しいですね」とも言ってい
ました。

しだいに職場の人たちの話はしなくなり、転職の話も話題に上ら
なくなりました。

数カ月後、Aさんから「もう大丈夫、自律できるようになった、
自分で判断できる」との言葉があり、カウンセラーも同様に感じ、
カウンセリングは終結となりました。

▌▌ 人事の方へ

人事部門の方々は、日ごろから社員のメンタルヘルスに熱心に取
り組んでいることと思います。とくに最近はコンプライアンス違反
の事例が多く、いろいろな対策を講じられていることでしょう。

今回の事例は、「いじめを受けている」という相談で、コンプラ
イアンス違反のなかでも、もっと身近な、倫理的なハラスメントに
よるメンタル不調者の問題でした。

いろいろな相談がなされますが、根っこにはほとんど「人間関
係」があるといっても過言ではありません。そのなかでも、"人の
嫌がることをする" ハラスメントは企業にとって大きな問題といえ
ます。

今回は、カウンセリングを行っていくうえで、相談者の気づきや

行動変容がみられましたが、同時にパワハラ、セクハラ、いじめなどの人権侵害に対する社員教育は喫緊の課題といえます。この事例では、社内のハラスメントについて人事部の担当者と話し合いをした結果、新年度早々にハラスメント研修を実施することになりました。一般社員に対しても徐々に実施することで、「人間としてやってはいけないこと」「暴力はやってはいけない」「怒鳴らない」「他人の嫌がることはやらない」など、人権侵害に対する全社員の意識改革を推し進めていくことになりました。

　職場環境をよくしていくのは企業の役割、個人の問題はカウンセリングの役割ですが、連携してよりよい職場環境を作っていければと思います。

＜カウンセリングにおいて大切なこと＞

　ほとんどの相談者は、私たちカウンセラーに開口一番、「どのようにすればよいか教えてください」「アドバイスをしてください」と言います。カウンセラーは、そういう場合に「どのようにすればよいか」をわかっている場合が多いのですが、アドバイスや答えやノウハウを伝えてもまず効果はありません。

　カウンセリングを行っていく過程で、相談者自身に「なるほど」とか「自分はこうなんだ」など、「気づき」が生じるようになっていかないと行動変容にはつながらないのです。

　自分に気づきが出てくると、「その後どのようにしていくか？」「どのようにすればよいのか？」になっていきます。カウンセリングの目標はここにあるのです。

〈カウンセリングの経過〉　　　CL：クライエント　CO：カウンセラー

初回　　　　　　　　　　　　　　　　　　○年□月△日

　社内健康管理室のホームページで、シニア産業カウンセラーがカウンセリングを実施していることを知り、来室した。

CL：自分は技術職なので求人は多くある。だから転職しようと思っているが、カウンセリングがどんなものか興味があったので来た。「健康管理室で話したことは外には漏れませんね」と守秘義務を非常に気にしていた。

　体調は悪いとのことだったが、職場の人たちに対する不平不満が次から次へと吐露され、カウンセリングの50分があっという間に過ぎた。

CO：傾聴に徹し、思いを語ってもらった。次回は、主治医にカウンセリング（認知行動療法）を受けることについて許可が得られるか相談してくるように約束した。

2回目　　　　　　　　　　　　　　　○年□月△日＋1週間

　主治医の了解を得て、2回目のカウンセリングを開始。

CL：職場のグループの人たち、Bさんがどうした、Cさんがこうした、自分はそれに対して毅然として闘った、など職場での出来事の話に終始した。

CO：この回もCLの話を受け止めながら傾聴に徹する。次回を予約して2回目を終了。

3回目　　　　　　　　　　　　　　　○年□月△日＋2週間

CL：開口一番、先生は何もアドバイスしてくれないが、カウ

ンセリングって自分で気づきなさいということなのか？　と質問があり、COは驚く。どうしてそう思うのか尋ねると、先生は何も言ってくれず、「うん、うん」と共感して話を聞いているだけなので、私も何だろう？　と思い始めたとのこと。

CO：すごいですね、そういうことを感じているんだ、あなたって素晴らしい人ですね、と伝える。さらにCOはCLがいろいろなことを話すのを聴き、「このCLは大丈夫、自分でいろいろ気づいてくる」な、と感じた。

　数カ月後、カウンセラーから人事担当者にハラスメント対策に関する打ち合わせをもちたいと打診、人事部もハラスメントに関して何か対応をしなくてはと思慮中だったとのことで、会合をもつことを約束してくれた。

「ハラスメント対策会議」開催

参 加 者：人事部健康管理室担当課長、教育研修担当課長、シニア産業カウンセラー

目　　　的：健康管理室にハラスメントに関する相談が毎月数件あり、安全配慮義務違反にも相当するので早急に管理職・一般社員に意識改革、ハラスメント教育が必要であるとシニア産業カウンセラーが提案。人事部にもハラスメントの相談がなされており、何か対策をしなくてはいけないと考えていたとのこと。

決定内容：まずは、本社をはじめ、全国の支社の管理職にハラスメント研修を実施。内容は「ハラスメントの知

識」および防止のための「適切なコミュニケーショ
　　ンの取り方」。

4回目以降

　4回目以降は、「どうして職場でうまくいかないんだろ
う？」「自分にも問題があるのかな？」というCLの発言を具体
的にしていき、COと話し合うという形で進めていった。

　カウンセリングは、実際に職場で自分が体験して「嫌」と感
じたこと、「言い合い」になって怒りが出てきたとき、「つら
い」と感じたとき、などをイメージして1つずつCLとCOでそ
の場を再現し、コミュニケーションのやり取りを行った。

　自分の思っていることを、①攻撃的に発言する、②適切に発
言する、③発言しないで我慢する、それぞれを体験し、自分が
どういう気分になるかを体験してもらう「アサーション訓練」
も実施した。

CL：自分は正しいと思って言ったけれど、言われたほうから
するととても感じ悪いですね、と笑いながら自己理解もするよ
うになってきた。

　数カ月後、CLから「もう大丈夫」という発言があり、カウ
ンセリングは終了となった。

2 パワーハラスメント相談

相談者 Aさん	男性　30代前半　独身　大学院卒　アメリカに留学経験 （3年）あり　技術開発部（海外対応）

主　訴	上司からパワハラを受けており、会社に来るのが苦痛。会社を辞めようかと思っている。

相談室から

　ふだんは明朗快活なAさんが、覇気のない様子で来談しました。

　「3カ月前から、B課長からパワハラを受けています。つらすぎて会社を辞めようかと思っています。何をやっても怒鳴られるようになり、資料もみないで突き返されます。いままでやっていた本来業務の海外対応の業務からも外されました。たった一度のミスを指摘されて以来、仕事を干されています。考えれば考えるほど悔しさ・憤り・怒りの気持ちでいっぱいになり、『訴えてやる！』という気にさえなりました。（流涙）時折、怒りは情けなさや屈辱感に変わるときがあります。こんな姿は本来の自分じゃないと思います。会社に対しても『なぜこんな人を管理職としてほうっておくのか？』と不信感とやりきれなさでいっぱいです」

　Aさんの現在の状況は、「抑うつ状態」にて休業中。不眠・食欲不振・体重減少・集中力低下・思考停止・動悸・頭痛等々あり、主

治医は、「これは、パワハラだ」と言っているとのことでした。Ａさんは弁護士にも相談していて、「パワハラです。訴訟を起こしますか？」と言われました。訴訟といわれ、怖さを感じながらも正直迷っている、といった状況です。

　Ａさんの承諾を得て人事に確認したところ、いままでこのＢ課長の部下は、過去２年間で３人がメンタル不調で休業しています。Ａさんで、４人目です。部長は、Ｂ課長に対して注意はしているとのことですが、「私の指導のどこが間違っているんですか？」と逆切れされる始末。まったく変化のみられないＢ課長に対して、人事の力を借りることとしました。役員はじめ部長・人事・産業医との話し合いのなかでは、Ｂ課長にとっては、「なぜだ！！」と思う場面もあったようですが、その後Ａさんのみならず課員に対して謝罪と反省の言葉を述べました。後日、人事からの勧めで、Ｂ課長もカウンセリングに通うことになりました。

　現在、Ｂ課長に対しては、「否定的叱責ではなく、相手の話に耳を傾け、具体的な指示・提案をする」という目標で話し合いをしてきています。それは無理だといっていたＢ課長ですが、しだいに気持ちも変化してきて、いまは難しいけれどやるしかない、と思うようになりました。怒りの感情の対処法も模索中です。また、Ａさんも少しずつ回復し、自分を振り返ることもできるようになりました。いつも人格否定から入るＢ課長に萎縮し、わからないことも聞かなかったことや避けていたことを反省し、復帰についても部長・人事・産業医と相談をして、グループ異動という形で再出発することができました。

人事の方へ

　パワハラ防止対策の対応を企業が迫られるなか、「研修は実施しているのに、なかなかハラスメントがなくならない」「ちょっときつい言い方をすると、パワハラだ！　と訴えられる。怖くて指導もできない」等々の声もよく耳にします。

　職場で、問題が起こると人事に相談……ということも少なくありません。ゆえに、人事での相談窓口の傾聴力や問題解決力も重要になります。ハラスメントを受け、心に深いダメージを負った相談者を尊重しつつ慎重に、信頼関係の形成を意識しながら、お話を聴いていただくことになりますが、聴くときの姿勢として、「あの人はパワハラなどするような人ではない」などの、行為者を擁護するような言動（二次的ハラスメント）は絶対に避けていただきたいと思います。相手の立場に配慮し、親身になって聴いてください。また、最初から「これはパワハラだ」などと決めつけず、あくまでも中立的立場で客観的な対応が求められます。

　Aさんは残念ながら、上司恐怖・人間不信にまでなってしまいました。この先の彼の生き方にも影響がなければよいのだけれど、という心配はありますが、今回は、社内での連携・迅速な対応で役員・人事・上長から、きっちりと勧告してもらいました。さらに、人事からの報告を受け、社長自ら再度全社員に対し「ハラスメントは許さない！」という表明と「相談窓口の活用」を案内していただいたことは、認識確認と早期対応につながるものと思います。

〈カウンセリングの経過〉　　　CL：クライエント　CO：カウンセラー

初回　　　　　　　　　　　　　　　　　○年9月△日

CL：上司からパワハラを受けている。（流涙）毎日が針のむしろで、つらくてつらくてもう耐えられない。上司の言葉でぷつんと気持ちが切れた。チームミーティングのときに「何度言ったらまともなものが出てくるんだ！　ふざけるな！　時間と金の無駄！　もう明日から会社に来なくていい！！」と、みんなの前で怒鳴られ、机の場所も上司の隣に置かれ、明らかに監視状態。ショックで腰が抜けた感じになり、椅子から立ち上がれなくなった。眠れない夜を過ごし、次の日から会社に行けなくなった。

CO：じっくり耳を傾け、憤りや情けなさを受け止め、これまでの事実やCLの気持ちをしっかり傾聴。また、身体症状から早めの受診が必要と考え、産業医に報告するとともに心療クリニックを紹介。

2回目　　　　　　　　　　　　　　○年9月△日＋2週間

CL：前回のカウンセリングで、自分はB課長に対してすごく怒っているんだなあと感じた。初めて両親にも相談をした。母は、「即刻、辞めて実家に戻りなさい」と言い、父は「訴えろ！」と怒っている。（涙があふれる）

CO：悔しさは依然強く、体調不良も続いている。興奮気味のAさんに対し、呼吸法を一緒に練習してみる。また、一人暮らしで生活リズムの乱れも心配なので、実家に帰省することを勧めた。

3回目　　　　　　　　　　　　　　　　　〇年10月△日

CL：仕事のことは考えずゆっくりするよういわれたが、思い出したくもないB課長の言葉を反すうしてしまう。悔しさ・怒りで頭が痛い。訴訟もありかもと思う。何人もの部下をつぶしてきたB課長を許せない気持ち。弁護士からは、「訴訟の準備をしますか？」と問われた。頭も気持ちもプライドもぐちゃぐちゃ。訴訟の是非は正直迷っている。

CO：「許せない」という憤りを受け止め、葛藤状態のAさんの話を注意深く傾聴し、当時の情景がフラッシュバックしないよう配慮しながら傾聴。なかなか気持ちの整理ができかねるAさんに、人事窓口に相談することを提案。Aさんは「会社の人間は、信用できません。弁護士に相談します」と拒否されたが、社内で起こった問題は社内で解決したい旨を伝え、ようやく承諾してもらう。

〈人事部事実確認〉

　COより人事に対応を依頼した結果、即日、B課長およびAさん・職場の者から事情聴取

〈ハラスメント防止対策委員会開催〉

　事実確認の結果、役員・部長・産業医同席の下、B課長に「厳重勧告」

4回目　　　　　　　　　　　　　　　　〇年10月△日＋3週間

CL：勝手に八方塞がりだと思っていた間はとても苦しかった。

相談することでどんどん事が進んでいき、気持ちもとても楽になった。人事から、Ｂ課長には厳重注意があり、復帰先については、とても理解のある対応をしてくれる元上司の下への異動を承諾してもらった、と明るい表情で語る。

CO：不適応状態から解放されたCLの落ち着いた表情を見て安心する。まだまだ、Ａさんの気持ちのなかに釈然としない気持ちは残っているが、相互のやり取りが不足していたことに気づき、本来の自分を取り戻したいと内観し始めているＡさんの支援をすべく、カウンセリングを継続している。

3　パワハラによるトラウマ

相談者 Aさん	40代　大卒　家族（妻と子ども）　技能職　30代で転職。現職は係長

主　訴	前職場で上司に仕事を否定されてつらかった。異動しても思い出してしまう。他人との関係に自信がもてない。

相談室より

　職場で実施したストレスチェックで、高ストレスとの結果が出たため、産業医（内科）よりカウンセリングを勧められ、Ａさんは相

談室を予約しました。

　Aさんは遠慮がちに入室し、話し始めました。

　「昨年、係長に昇進しました。そのときの上司に自分が提案した案件をすべて否定されつらかったのです。職場にいても周りの人と話したくなくて、家でも怒りっぽくなったと妻に言われました。急に体温が上がった感じがしたり、他人と話していてもぼうっともやがかかった感じが続いていました。身体が急に熱くなった後、寒さを感じます。頻尿、不眠、抑うつ感、不安感、テレビを見ていても面白くない、新聞を読んでいても内容が入ってこない状態が続きました」

　カウンセラーと話していても、椅子を動かして終始落ち着かない様子でした。

　「異動したいまも少し残っています。業務のことはわからないことがあれば調べたらなんとかなるので問題ありませんが、自分の言ったことや他人とのかかわり方など、本当にこれでよかったのだろうかと気になって仕方がありません。話している相手の思いが読めなくて、話の内容を忘れてしまうのです。昨年の職場に比べたらいまの職場は人間関係もよいのに……どうしてなのかわかりません」と困っている状況を話されました。カウンセラーは、つらい話をしているのに笑顔になるAさんの様子に違和感がありました。

　2回目のカウンセリングは、にこにこと笑顔で入室しました。「眠れていなくて、ずっと水面下にいる感じです。そんな状態の自分を責めてしまいます。20代のころ、建設会社に勤めていました。残業が続き、やっと仕上げた図面を翌朝、上司に目の前で破られ、翌日通勤途中、交通事故を起こしました。そのときは落ち込んだけれど、いまでは過去のこと、よい経験をしたと思えています。それと比べ

たら昨年のことは大したことではないと思うのになぜ、そこから離れられないのでしょうか」

　異動して環境が変わり、いまは、なんら問題はないのに体調、心理状態は不安定でこの状態に納得がいかないという気持ちを話されました。体調が悪く眠れていないので、早めに心療内科の受診を勧めましたが、抵抗があると拒否されてしまいました。SRQ-D*を実施したところ、スコア17（うつ状態）でした。しんどいと思います。

　現職場の環境はよいとのことでしたが心身の不調が続いているので、再度、産業医にかかわっていただくようお願いしました。

　カウンセリングも継続を希望されています。

┃┃ 人事の方へ

　職場で上司によるハラスメントを訴える相談はよくあります。事例のように異動で環境が変わっても心の奥にいつまでもそのときのつらい感情が残っていて、思い出すと体調不良になることも珍しくはありません。係長（中間管理職）という立場から相談しづらく自分で抱え込んでしまったと思われます。また、新入社員が入社して初めて出会った上司からのハラスメントでその後の職業人生がうまくいかなくなっていることもあります。

　ハラスメント上司の面談をすることもありますが、ご自分の言動に反省をされる方は少なく、なぜ、自分がカウンセリングを受ける必要があるのかという態度です。

　上司のコミュニケーション力の向上は部下の意欲や能力を引き出し、職場の活性化を進めることにつながります。管理職の傾聴力をつける研修などを実施されている企業もあります。管理職の立場になったら部下とのコミュニケーションに気遣いをしたいものです。

〈カウンセリングの経過〉　　CL：クライエント　CO：カウンセラー

初回　　　　　　　　　　　　　　　　　○年○月○日

CL：ストレスチェックで高ストレスだったため、産業医面談を受けた。産業医からカウンセリングを受けるように言われ来談した。昨年、係長に昇進した。そのときの上司に自分が提案した案件をすべて否定されつらかった。異動したいまも体調はよくない、なにか自分でも変だと思う。仕事はできているが、他人とかかわるときに自信がもてない。

CO：傾聴し、自分で自分が納得できない気持ちを聴く。

2回目　　　　　　　　　　　○年○月2週　（＋1週間）

CL：眠れず、ずっと水面下にいる感じで、そういう自分を責めてしまう。20代のころのパワハラに比べたらたいしたことはないと思う。異動して環境はよい状態になったのに体調、心理状態は不安定で、いまの状態が納得いかない。眠れないことも気になるが、心療内科や精神科の受診には抵抗がある。

CO：つらい気持ちを傾聴。SRQ-D*を実施。スコア17（うつ状態）を鑑み、産業医に再面談を依頼、受診を勧めてもらう。

　ストレスチェック後の面談を産業医より依頼され、以上の2回のカウンセリングを実施した。現職場の環境はよいとのことなので、心身の不調について再度、産業医にかかわっていただくようお願いした。カウンセリングも継続を希望している。

*SRQ：SRQ-DⅡ　東邦大式抑うつ尺度　簡便にうつ病の可能性を評価できる質問紙

4　パワハラ対策の研修での気づき

```
事例の登場人物
〈被害者〉Aさん　男性　20代前半　一般職　配属6カ月
　　　　　Bさん　男性　40代前半　主任　配属4年目
〈行為者〉Cさん　女性　50代前半　係長：管理職　配属1年6カ月
　　　　　Dさん　男性　50代半ば　課長：管理職　配属3年目
　　　　　Eさん　女性　20代後半　一般職　配属2年目
```

▌研修での話し合いから

　今回は、ある企業の出先機関から依頼を受けて行った、技術職が多い職場の管理職を対象としたパワハラ研修での気づきについて紹介します。企業の担当者から、より踏み込んだ内容にしてほしい、という希望があったことを受けて、事例をもとにパワハラに対して管理職としてどのような対応が可能かを、身近な問題としてとらえられるようにしました。

●事例の提示

　研修に参加した管理職は約10人、提示した事例は、次のようなケースです。*

　Aさんは入社半年の20代男性。上司である課長Dさんは、主任BさんをAさんの指導担当者に指名しました。一方で、同じ職場の係長であるCさんは入社以来Aさんの指導に関心を寄せており、課長

が不在になるとＡさんのミスに対して強くしかりつけていました。指導を担当する主任Ｂさんは業務が忙しいため離席が多く、係長Ｃさんはその間は自分がＡさんを指導し、来客や電話対応、メール配信内容まで監視するようになり、主任Ｂさんが教えた方法まで自分のやり方に変えようとしました。Ａさんは、主任Ｂさんから教わった方法が理解しやすく、納得もしているのですが、Ｃさんから全否定されてしまい、どうすればよいかわからず混乱してしまいました。

　同僚のＥさんは一部始終を見ていましたが、Ａさんに声をかけられませんでした。Ａさんが配属される前は自分が係長から監視されていたこともあり、矛先が変わり、正直ほっとしていて、１人で抱える業務に専念するように逃げ込んでいました。以前、Ａさんと世間話をしていたところ、後で係長からしつこく内容を聞かれたので、いまはＡさんに話しかけるのも躊躇しているような状態です。

　ある日、職場内で業者への発注ミスが発覚しました。係長はＡさんのしたことと決めつけ、個室に呼び出して、強い口調で叱責、人格否定など侮辱する言葉を言い、謝るまで長時間叱責は続きました。Ａさんには思いあたらないことでしたが、そのことを言えませんでした。

●感想を出し合う

　まず、研修参加者で事例の感想を出し合いました。一読した後、「あるよな〜」など思いあたる節をたどるような間が数秒空いてから「よくある」「同じようなことを経験した」などの声があがり、うなずく人が多数いました。積極的なコミュニケーションを取る人を中心に話が進み、行為者であるＣさん、被害者であるＡさんについて批評しながら意見が出され、処分や今後の処遇などへと話が発

展していきました。途中、それまで沈黙していた参加者から「上司や同僚の行動にも問題があったのではないか？」との指摘がありました。場の盛上りはいったん落ち着き、各自考える様子が見られ、「たしかに上司についての記載は少ないが、この上司がもっと……」という発言がありましたが、その時その場では「また面倒なことを言う」「いつもあいつはそうだ」「そんなことを言って大丈夫？」というような不穏な空気が流れていました。

● コミュニケーションパターンを学ぶ

講師より考え方の１つの指針になればということで、参加者にコミュニケーションパターンのテストを体験してもらい、この事例に応用して考えることを提案したところ同意が得られ、自分のコミュニケーションパターンを把握してもらいました。講師が「感情表出」「自己主張」の２軸で分けるコミュニケーションスタイルについて解説し、もう一度、事例について考えてもらいました。

そうすると、さまざまな視点があることに気づき、決めつけず、「このような見方をすると、こうともいえる」というふうに、各自の意見を尊重し合う話し合いになりました。一時流れた不穏な空気は払しょくされていました。

● さまざまな視点から再度事例について意見を出し合う

一部、参加者から出された意見を紹介すると、次のようなものです。

行為者である係長Ｃさんについて：

ばりばり仕事をこなしてきた人ではないか？　いろいろ問題を起こしたせいか、この年齢で係長という役職に不満があるのかも。もっと認めてほしくて、アピールの材料に、新人を教育することにしたのではないか？　思うような成果につながらず、いらいらがエ

スカレートしたのでは？　だれにも相手にされない、認められない怒り、悔しさなどがたまりにたまっているのでは？

課長Dさんについて：

　組織内で問題になった人を押しつけられて、断り切れなかったのではないか？　納得しないまま、受け入れたので、「面倒な人が来てしまった」とCさんに向き合おうとしていないのでは。Cさんからみたら、課長に関心をもってもらいたいために行動しているのだが、それがわかっていない。自分の課ではもめ事が起きないように願い、もめ事を見ないように行動し、課の業務というよりプロジェクト業務に逃げ込んでいるのではないか？

主任Bさんについて：

　いまの仕事を組織に認めてもらうチャンスととらえ、精力的に社内外とコミュニケーションを取っているように感じる。課内で仕事も集中し、他のメンバーを頼らずに仕事をこなしているようにみえるが、新人教育や地味な仕事は眼中にないかも。

同僚Eさんについて：

　こつこつと仕事をこなすことが得意で、人とのコミュニケーションはどちらかといえば苦手としているタイプではないか。被害者Aさんが配属される前まで、自分が行為者のターゲットになっていたので、正直ほっとしていまは仕事に集中している状態。昨年までのパワハラは、だれにも相談せず、まただれからも気づいてもらえなかったのだろう。

被害者であるAさんについて：

　自分の意見が言えないタイプなのではないか。相談できず、また、主張もしない。仕事のペースも慎重でゆっくりかもしれない。

このような話し合いを通じて、コミュニケーションパターンのタイプ分けによって決めつけることはできないが、特性はつかむことができそうなこと、そしてそれぞれのタイプには欠点だけでなく良い部分も多くあることが確認されました。

　私たちは互いの関係性のなかで自分とは違う人を避けたり、逃げたり、排除したりということを日常のなかで無意識のレベルで行っているように思います。また、似通っていると居心地がいい場合もありますが、逆にライバル心がわくこともあります。自分自身の欲求が満たされないと、それを補うかのように無意識のレベルで行動してしまい、それがパワハラ、いじめという形で表出してしまっているのかもしれません。もっと互いに関心を寄せ合い、互いの気持ちの変化に気づきフォローし合う関係性があったなら、「私を認めて」「私に気づいて」という気持ちを代弁する別の行動（パワハラ・いじめ）は起きなかったかもしれません。

　「お互いの違い、タイプを尊重し認め合うことができたら、パワハラは防止できるよね」「そう考えると、得意・不得意が極端に偏った人がいると、ある意味職場では負担という目線を向けがちだけれど、それを活かせる働き方を協同で考えることもできそう」という発展的な意見も出されました。

　そして改めて「見方を変える発言」に対する当初の正直な気持ちを「めんどくさい」と決めつけることが、職場の悪い空気につながるという気づきの発言に皆が共感して締めくくることができました。

▌人事に伝えたいこと

●パワハラにならない職場環境とは

　パワハラ、メンタルヘルス不全を防止する職場＝生産性の高い職

場であることを再認識する必要があります。職場には、さまざまなコミュニケーションスタイルをもつ社員がいて、プラス面もマイナス面も、どのタイプでも持ち合わせています。サービス業や、研究開発など、業種・職種によっても偏りはあると思いますが、いまの多くの職場は、活発なコミュニケーションを取る人の方向にパワーバランスが偏っている可能性が高いようです。役職の有無にかかわらず、そのコミュニケーションスタイルに上下関係を感じ取る人も出てきます。タイプの合う関係でグループができ、そこからはみ出す人への扱いが、ときにいじめや、嫌がらせのようになってしまう相談も多くあります。

　職場が常に自分を脅かす場所であったなら、防衛するのは当然のことであり、その結果、無意識レベルでのパワハラが行われてしまうのではないでしょうか？　コミュニケーションスタイルに良いも悪いもありません。先頭を切って発言してまとめる人、地味で面倒な、しかしだれかがやらなければならない仕事を得意とする人等、持ち味ともいえる特性が職場のなかでは重要な役割を担い、目立っても、目立たなくても仕事を進めるうえでなくてはならない存在です。国籍や、性別、病気等などでの差別をやめる取組みを政府が主導し取り込んできている時代ですが、何か特別なものとして、遠い存在として認識している感覚があるように思います。もっと身近なところで差別が存在していることに気づけたら、改めてパワハラ問題を取り扱う必要もなくなっていくのではないかと思います。

＊事例については『人間づくりトレーニング』（星野欣生著　金子書房）を基に再構成したもの。

5　昇進と同時に異動、上司や 部下からのパワハラの悩み

相談者 Aさん	男性　40代前半　会社員　妻と子ども2人

主　訴	テレワークの体制もあって、上司や部下との関係がうまくいかない。パワハラもあり辞めようかと思っている。

▌相談室から

　相談室に、対面カウンセリングを希望する電話予約が入りました。「同期の仲間からカウンセリングを勧められたので、早くお願いしたい」とのことでしたが、急用で行けないとキャンセルが2回あり、3週間後の面談となりました。服装や髪型は整っていますが、顔色が悪く、初めてのカウンセリングということで緊張されている様子です。

　カウンセラーは「よくおいでくださいました。ここでは守秘義務が守られ、お話が外に漏れることはありません。ただし、自殺や他人を傷つけるおそれがある場合は必要な対応をとらせていただきます。ご自分の話したいことを自由に話してください。私はAさんの話された事柄や気持ちを受け止めます。わからないことは質問して確認いたします。私が理解したことをお伝えし、間違いがないか確認しながら、ご一緒に考えていきます。そして、Aさんご自身が自

分でどうしたいかを決めていただくお手伝いをさせていただきます」と説明してカウンセリングを始めたところ、Aさんは、次のように話されました。

　昇進し、課長職として職種の異なる職場に異動してきました。職務内容がわからないため、上司にも部下にも教えてもらわなければならず、仕事を覚えようとがんばりました。しかし、上司からみんなの前でさ細なミスを大声で指摘され、笑われて、「こんなことも知らないのか、しようがないな」「役に立たないやつが来たもんだ」などの暴言が続きました。自分ができないのだから仕方がないと思って、我慢して仕事を覚えようとしましたが、部下にも「もう3回目ですよ。私の教え方が悪いんですかね。課長さんですよね」などと言われて質問もしにくくなりました。テレワークで職場にいる部下も限られます。親切な人もいるが、意地悪に目配せしたりメモを回したりする部下もいます。きっと私の悪口を言っているんだろうと思うと恥ずかしいし悔しい、どうしていいかわからなくて下を向いてしまいます。管理職になどなりたくなかった——と職場でのつらさが語られました。

　1回目は職場異動してからの思いを語っていただき、恥ずかしさと悔しさ、つらさを受け止めながら聴いていきました。また、職場における会議の席上や打ち合わせの際の上司の言葉と周囲の社員の状況などを詳細にうかがい、確認していきました。Aさんは「これってパワハラですよね」と口にされたので、パワハラに該当する状況であることを2人で確認しました。

　以下のような行為は、パワハラ6類型の「精神的な攻撃」にあたります。

・人格を否定するような言動を行う。

・必要以上に長時間にわたる厳しい叱責を繰り返し行う。

・他の労働者の前で、大声で威圧的な叱責を繰り返し行う。

　２回目以降のカウンセリングでは、上司や部下から「精神的攻撃」にあたる言葉を投げかけられ、それが続いているが、「パワハラで訴えて、それで上司や部下が処分されるのは望まない。他部署の人にも知られてしまうと恥ずかしい」と迷う気持ちが語られました。そして、なんとか我慢してここを乗り越えなければならないと自分を励ますようにうなずき、以下のように話しました。

　自分は責任をもって仕事を進めてきました。また、職場の仲間ともいい関係で、なんでも言い合える雰囲気のよい職場を大切にしてきました。ところが、この職場は上司も部下も意地が悪く人が失敗するのを楽しむような雰囲気で、人をばかにして笑って楽しんでいます。こんな職場は嫌だ、逃げ出したいと思います。しかし、自分は課長職になって、部門内をまとめて仕事を進めなければならないのに部下よりも仕事ができず上司に怒られる姿を見せています。せっかく期待されて異動してきたのにだらしない姿を見せるのは恥ずかしい。どうしたらよいか。夜もときどき目が覚めてしまい眠れません。朝も早く目が覚めて胃が重く、吐き気もする。会社にも行きたくない気持ちがあります。どうしたらいいのか。異動も昇進も自分は希望していませんでした。でも会社の命令でここにきて、いままで仲良くやっていた職場から嫌な奴ばかりのところに異動になり、こんな目にあうなんて思ってもみませんでした。もう辞めようかとも思う。妻にも話したが、「子どもも小さいし、もう少しがんばれないの」と言われてしまい、父親の責任として我慢するしかあ

りません。いままでの仕事は大好きでずっと続けたかったけれど、ローテーションとしていろいろな部署での仕事も体験しなければなりません。それはわかっているけれどつらい——と力なくつぶやきました。

　Ａさんは、管理職としての責任を果たせない自分をだめだと責めて苦しんでいましたが、自分が悪いと思い、言いたいことも言わなかったことに気づきました。覚えが悪いことを恥として卑下していた自分や、嫌だと感じて心身に不調を起こしていることにも気づきました。そして、上司や部下の言葉はパワハラにあたるが、自分が我慢していたことで、職場の雰囲気が悪くなっていたのだと思う、と話されました。

　そして、思い切って上司に自分の気持ちを伝えました。上司や部下の言動をパワハラと感じて苦しんでいたこと、よい職場環境にするのは自分たちの責任であると訴えることができました。自分が皆の言葉で傷ついていること、やめてほしいことについて勇気をもって伝えることにより、上司や部下の言動に改善がみられました。

　自分のようなつらい思いする人がでないように、思ったことを伝えてコミュニケーションの取れる職場にしていきたい、と笑顔で話しました。

▋ 人事の方へ

　新型コロナ感染症が長引くなか、社内での予防対策や対応にいままでにも増して取り組まれてきたことと思います。テレワークを取り入れている職場も、出社が必須の職場も、人事の方はご苦労が多いのではないでしょうか。

　今回の事例は、職場異動と昇進が重なり、仕事も思うようにでき

165

ず、部下や上司との関係もうまくとれず悩んでしまった社員の事例です。異動したＡさん自身は仕事ができない自分を責め、周囲の上司や部下も"仕事に不慣れな異動してきた人"に対してストレスや不満でパワハラの言動をしてしまうといったことも発生します。昇進と異動が重なった社員に対する指導や管理は、その上司と人事が責任をもって行う必要があります。異動して管理職となった当事者は、自分の弱みをみせられず、がんばらなければと無理をしてしまいがちです。それにより、体調を崩したりメンタルの不調を招いたりすることも珍しくありません。とくにいままで経験のない部署で管理職であるという立場で必要以上にがんばってしまうこともあります。

　人事の皆様も上司も職場の雰囲気に気を配り、とくに異動した社員に対して面談や相談の機会を多く設けていただきたいと思います。「職場はどうですか、社員の方はどうですか」「何か気になることや困っていることはないですか、何かあれば対応しますよ」「いままでとどんなところが違いますか」など自由に答えられる質問の形式を使って話しやすい工夫をしてください。何か悩みや困っていることはないか確認してみてください。そのためのコミュニケーションをしっかりとっていただきたいと思います。「傾聴」を心がけ、気持ちを語っていただく機会を大切にしていただきたいと感じた事例です。

〈カウンセリングの経過〉　　　CL：クライエント　CO：カウンセラー

初回　　　　　　　　　　　　　　　　　　〇年９月〇日

CL：異動してきた部署で仕事が覚えられず、上司や部下にばかにされパワハラにあっている。自分が情けなくてつらい。辞

めようかとも思うが、子どもの教育もこれからなので妻には理解してもらえない。パワハラで訴えようかとも思うがその後のことを考えると迷う。どうしたらよいか。

CO：傾聴し、仕事に対する責任感の強さとがんばりを支持。状況を整理し、自分の気持ちを見つめるため継続を提案。

2回目 ○年9月○日（＋1週間）

CL：前の職場や仕事はやりがいもあり楽しかった。いまの職場は雰囲気が悪く、仕事もわからずやる気が起きない。ばかにされないように無理をしていてとても疲れる。自分は何ごとも真面目に責任を持ってやる性格だ。いまはそれができていないのが情けない。ばかにされパワハラを受けるのも当たり前な気がする。こんな自分ではだめだ。どうしたらいいか。

CO：傾聴し、状況の確認と気持ちの整理をした。仕事に対する信念・価値観を確認し、上司や部下に対する思いを整理。

3回目 ○年10月○日（＋1週間）

CL：上司や部下は長く同じ部署にいて気心が知れている。私だけがよそ者だ。人が理解し合えるまで時間がかかる。孤軍奮闘していた。弱みをみせてはいけないと思っていた。丁寧に教えようとする部下もいる。だが、自分が拒否していたこともある。上司や部下が笑うとすべて自分のことと思う神経過敏なところもあった。わからなくて当たり前、教えてもらって当たり前ということを自分は忘れてがんばっていた。時間をかけてやっていけばよいという気持ちを忘れていた。

CO：自分の考え方や状況の確認。パワハラの対応を一緒に考え、何をどう伝えるかメモで確認。

4回目　　　　　　　　　　　　　　〇年10月〇日（＋2週間）

CL：上司に思い切ってパワハラだと感じてつらいと伝えた。メモを見せて、上司や部下の言動について自分が感じていることを話した。やめてほしいと言えた。上司は「悪かった。励ますつもりで言い過ぎた」と謝ってくれ、部下も「失礼しました。何度でも聞いてください」と言ってくれた。勇気を出して伝えてよかった。嫌だと思う自分の気持ちをしっかり伝える大切さが理解できた。なんとかここでやっていこうと思う。

CO：Aさんの行動と気づきを支持。1カ月後に状況報告をしてもらい、今後も定期的にカウンセリングを継続することを約束。

第8章

障害者雇用の問題

相談者 Aさん	男性　40代前半　独身　高卒　会社員（製造工場勤務）

主　訴	職場で配られた安全対策のチラシをみて傷ついた。健常者目線でものごとが行われ、腹が立ってしかたがない。

▌相談室から

　ある日の終業後、相談者Aさんが作業着のまま来室しました。Aさんは、下肢の障害のため歩き方に特徴があります。元気がない様子で、うつむいて小声で話し始めました。

　「職場には、障害者が5人います。しかし、指示や伝達事項は健常者のみで検討して決定されています。そのせいか、お門違いの決め事や言葉かけがあり不愉快な思いをすることが多いです」

　これまでのエピソードを思い出して、不満や怒りをぽつぽつと口にし、涙ぐみ、ため息をつきました。

　「小中学校でもばかにされ、歩き方をまねされ、からかわれました。会社が作った職場の安全対策のチラシに昔からかわれた表現が使われていてショックでした。障害者の思いは健常者にはわかってもらえないとあきらめ、我慢して目立たないように生きてきました。自分の本音は出さない、伝えても意味がないと思ってやってき

たので、職場でも友だちはいません。それでしかたないと思っています」

　2回、3回とカウンセリングを進めていくうちにＡさんは、自分の気持ちを表現しなかったこと、自分を大切にしてこなかったことに気づいたと語り始めました。少しずつ周りの人や人事の人に伝えることが必要だと口にするようになりました。また、差別と感じていた出来事が健常者には理解できないという事実にも気づきました。そして、チラシの件を人事に伝える決断をし、後日、担当カウンセラーに人事担当者に会って話してくれるよう依頼がありました。カウンセラーはＡさんの気持ちと状況を説明し、後日開かれた「相談対応会議」に参加しました。

　その後、チラシの修正が行われ、Ａさんは自分の思いを表現できた自信と理解された喜びで笑顔になりました。「ここで安心して働ける」と感謝を口にし、今後は、コミュニケーション力の向上を目標に、カウンセリングを継続することになりました。

▮ 人事の方へ

　日ごろから気配りと目配りをされ、社員のために熱心に取り組んでおられることと思います。とくに障害者の雇用においては、業務内容や職場環境にも慎重に対応されていることでしょう。

　今回の事例は健常者の人事担当者が配慮したつもりで使った表現が、逆に障害者の心情を傷つける結果になってしまったというものです。障害者の気持ちや状況の確認が不十分だったために起こった問題でした。

　カウンセラーが人事担当者に、相談者の気持ちを伝えたところ、障害のある社員に事前の聴き取りをせずにチラシを作成し、それに

ついての感想や意見等の確認もしなかったことがわかりました。

　障害について聞きにくいと思われるかもしれませんが、一人ひとりの声をしっかり聴いていくことが大切です。障害者自身の希望や強み弱みを確認するためにも、丁寧に話を聴くことで本音を隠すことのない関係を作ってほしいと思います。

　今回、人事担当者が早急に修正チラシを作成し、再配布したことで、相談者の気持ちは会社に対する疑いやあきらめから安心と信頼に変化しました。

　健常者目線で障害の程度に応じた配慮をしているつもりの対応が、障害者を傷つけることもあります。個々の特性と能力を本人に丁寧に確認し、一緒に体験しながら慣れていただくことも必要です。感情を出せない方や隠している方も多いので、こちらの誠意が相手にどう伝わるのか十分確かめる必要があると思います。そのためにもコミュニケーションをしっかり取り、「傾聴」を心がけ、話す機会を大切にしていただきたいと思います。

　また、人事担当者との話から、社員間の誤解や偏見、認識のずれがあり、悪意はないものの無意識に差別用語を使っている実態も明らかになりました。障害者の体型や行動の様子、話し方の癖などを安易に口にすることのないよう注意したいと感じた事例でもあります。

<hr>

〈カウンセリングの経過〉　　　CL：クライエント　CO：カウンセラー

カウンセリング予約　　　　　　　　　　　（○年２月○日）

初回　　　　　　　　　　　　　○年２月○日＋２日

CL：職場で配布された事故防止のチラシをみて傷ついた。障害者に対する無理解があり、我慢できない（涙を流す）。職場

では自分の気持ちを言わない。カウンセリングを受けたことも知られたくない。

CO：傾聴し、状況を確認。職場や同僚に対する不満、人事に対する怒りなど整理し、カウンセリングの継続を提案。

2回目　　　　　　　　　　　　　　　○年2月○日＋1週間

CL：職場の障害者対応に傷つき腹が立つ。職場の安全管理等も健常者の目線で考えていて、障害者の理解が不足している。（不満と怒りの様子で涙）仕事をさせてもらえることに感謝しているので、何もいえない。

CO：傾聴し、状況の確認と気持ちの整理をする。

3回目　　　　　　　　　　　　　　　○年2月○日＋2週間

CL：傷ついた体験がいろいろあった。（涙を流す）。話してみて悔しさや悲しさが自分のなかにたまっていたことに気づいた。障害者という立場を考えて遠慮してきたが、言わないと伝わらないことにも気づいた。今回のチラシの件を人事・労務に話してもらいたい。自分で直接言うのは難しいのでカウンセラーさんにお願いしたい。

CO：アサーション（自分も相手も大切にした自己表現）について例を示して説明。自分の思いを人事に伝える決断を支援、支持する。何をどう伝えるかメモを取りながら確認。

カウンセラーから人事担当者に対応依頼を連絡

当日：○年3月○日

「相談対応会議」開催連絡と参加依頼を受ける　　　　翌日

「相談対応会議」開催　　　　　　　　　○年３月○日＋２日

参加者：人事部長、労務課長、人事担当者、保健師、カウンセラー

決定内容：チラシを修正して再配布する。障害のある方の状況を本人に丁寧に確認し、希望や要望を聴き、職場に周知する。社員相互の理解を深めるために交流の機会を増やす。

４回目カウンセリング　　　　　　　　○年３月○日＋２週間

CL：職場の状況・雰囲気が改善されたと感じる。自分が表現することの大切さに気づいた。カウンセリングを継続してコミュニケーションの取り方についても考えていきたい。

CO：Ａさんの気づきを支持、今後のカウンセリングの目標を共有。

2 中途視覚障害者を支援するために

相談者
Aさん | 40代半ば　営業（車の運転が必要）

主　訴 | 視覚障害による見えづらさと妻の非協力的な態度、仕事を失う不安。

▋ 相談室から

　Aさんは、10年前に目の病気と診断され、徐々に進行して、車の運転に不安を感じるようになりました。このことを事業部長に相談したところ、「車の運転ができなければ勤務の継続はできない」と告げられました。また、奥さんは協力してくれず、他人事といった態度であり、ふと気づくと自殺を考えることもありました。そこで、公的機関へ相談に行ったところ、カウンセリングを勧められました。

　Aさんは、カウンセラーとの面談後、障害者手帳の申請をすることを決心し、それを機に人事に相談しました。すると、事業部長からはAさんについての報告を受けておらず、会社としての対応が不適切であったと謝罪がありました。そのうえで公共の交通機関を利用して、現在の営業の仕事を継続できることになり、支援機器などの合理的配慮も受けられることになりました。

　しかし、公共交通機関を利用しての仕事では苦労も多く、Aさん

は他部門への異動を考えました。ただ、業務の効率化を進めている会社の状況を考えるとそれは難しく、転職しかないとも思い、悩みました。その後、会社はＡさんの努力を認め、内勤に異動することができました。初めての仕事でしたがこれまでの経験を活かし、また、周囲からも十分に配慮してもらい、いまはやりがいをもって仕事を続けています。

人事の方へ

　今回は中途視覚障害者についての事例ですが、産業医が眼科領域に詳しいケースは少ないと思います。従業員が視覚障害となってしまった場合、人事担当としては大変苦慮されるものと思います。障害により労務提供できないことを理由とした解雇の規定があった場合でも、合理的配慮なしでは、解雇権の濫用とされるリスクがあります。何よりもその対応を他の従業員も見ています。だれでも障害や病気にかかる可能性があります。もしも自分がそうなった場合、この会社はどのような対応を取るのか、安心して働き続けられる会社なのか、注目しています。がんばっている従業員にはしっかりした対応をしてくれるという認識を従業員がもてれば、いきいきとした職場づくりの一助になるのではないでしょうか。

　また会社における相談窓口の体制づくりも留意する必要があります。今回の事例では、病気がわかってから進行するまでに数年が経過しています。その間ご本人は大変不安な日々を過ごしています。当面は生活に支障もないため、あまり考えないようにしていますが、数年のうちに徐々に見えづらさを感じるようになり、同時に仕事や将来について思い悩むようになります。メンタル不調となる危惧もあります。

またほかにも、治療法がない目の病気に罹患し、目が見えなくなったらマッサージの仕事をするしかない、会社も退職するしかない、と思いつめていた人が、キャリアコンサルタントから、視覚障害者でも訓練を受ければパソコンの操作は可能で、仕事の継続も可能と聞き、職場でのサポートを得て働き続けられるようになった例もあります。

　このようなときに会社に相談しやすい、信頼できる相談窓口があればどれだけ救われることでしょうか。相談体制の整備が従業員一人ひとりの能力を十分に発揮することにつながります。

〈カウンセリングの経過〉　　　　CL：クライエント　　CO：カウンセラー

初回　　　　　　　　　　　　　　　　　　　　○年○月○日

CL：目の病気がわかってから10年近くたつ。徐々に進行し、車の運転に危険を感じるようになった。会社の事業部長に相談したが、車の運転ができなければ勤務の継続は無理と告げられた。就業規則にも障害により労務提供ができなくなった場合の解雇事由の規定がある。妻も協力的ではない。ふと気づくと自殺する方法を考えている。

CO：気持ちを話してくれたことに謝意を伝え、病気がわかってからの経緯と気持ちを傾聴。「今後について一緒に考えていきましょう」と伝える。

2回目　　　　　　　　　　　　　　○年○月○日＋2カ月後

CL：現在の会社での勤務継続、可能ならば内勤への異動を希望している。奥さんの非協力的で他人事のような態度から離婚を考えている。

CO：人事部門に直接相談するよう助言。サポート機関・機器などにつき情報提供。障害者手帳の取得についても考えるよう提案。

《後日メールにて状況報告あり》

　障害者手帳の申請をする。人事に相談したところ、状況について事業部長から報告がなかったことに対する謝罪があった。そのうえで公共の交通機関を利用しての現在の仕事の継続と必要な合理的配慮を申し出るようにとの指示があった。パソコンの音声読上げソフト、大型のモニターを申請する。

3回目　　　　　　　　　　　○年○月○日＋8カ月後

CL：会社の配慮に大変感謝しているが、営業先は交通機関の不便なところが多く、荷物も重く大変苦労している。長く仕事を続けることは困難と感じている。業務のアウトソーシングを推進し効率化が進んでおり、他部門への異動は困難な状況。転職を考えるしかない。

CO：仕事でのご苦労を傾聴。会社への愛着があるので異動先がないか社内で根回しを助言。また、転職にも備えてキャリアの棚卸しや職業興味の自己分析をする。

《後日メールにて報告あり》

　内勤に異動できた。経験のない仕事だが営業での商品知識を活かせるしやりがいもある。関連する資格取得もめざしている。会社、および周囲からも十分に配慮してもらっている。

3　障害者雇用での指導に悩む管理職

| 相談者
Aさん | 男性　40代前半　妻（共働き）と子ども2人　会社員 |

| 主　訴 | 管理職として多様な雇用に伴う、部下育成に悩んでいる |

| 相談関係 | 1カ月に3回定期カウンセリング実施（外部カウンセラーとして） |

▌相談室から

　定例カウンセリング日の1週間前に予約が入りました。予約当日、Aさんは定刻に来所し、研修などでカウンセラーを見知っているためか、親しげな表情で、しっかりとした足取りで入室しました。体型はがっちりしていますが、少し自信がなさそうな様子でした。

　Aさんは次のように話されました。

　X年Y月からAさんの部署に障害者雇用として配属された部下Bさんのことで困っているとのこと。「障害者」として採用されているが、Bさんのことは上司からあまり詳しく聞いておらず、事前に知らされたのは「透析」を受けているということだけでした。上司からはBさんの体調に関しては「あまり無理をさせないように」と

の指示でした。

　管理職であるＡさんは、いままで部下育成についてはかなり自信があり、多くの後輩を育ててきました。自身でも指導することについては成果が上がっているし、職場では評価されていると認識している、と話していました。ただＢさんについては配属されて半年以上が経過しても、まったく成果が上がらず育っていないとのことでした。

　具体的にはどのようなところが育っていないのか聞くと、仕事の内容などを話し始めました。

　「事務部門なので当初は書類の作り方、文章作成から指導していたがきわめて習得が遅く、指示したことを確認するとできていないことが多いのです。もちろん、できていないときは報告や相談をするように言っていますが、確認するまで何も言ってこないのです」。その他、Ａさんがいらいらする困り事としてあげていたのは、他部署との関係で、出すぎた言動、言うべき立場でもない情報を伝えたりすることでした。当然、その場で注意すると反省しているようにみえるけれど何度も繰り返すとのこと。

　Ａさんは、Ｂさんに「困っていることはないか」等、丁寧に対応しているのにこのようなことが続き、自分の仕事はまったくはかどらず、Ｂさんは定刻に帰るのでＡさんはそのあと遅くまで残業をしていて、最近はＢさんとのやり取りを考えると会社にも行きたくないと思っているとのこと。できれば顔も見たくない、いままでそれなりの実績を積んで評価されてきたのに、今回のことで自分の評価が下がることも悔しい、と話しました。

　「家庭では小学生の子ども２人と妻と暮らしていて、妻は別の会社に勤めています。妻の会社でも障害者の人がいるが『うまくいっている』という話を聞くと自分の指導が悪いのだろうかと迷います。

上司に少し話してみましたが『大変だろうがなんとかやってくれ』の一点張りで相談になりません。採用した人事部へ情報を得に行きたいと思いますが、上司を超えていくこともはばかられてしまいます。

　いままでの後輩指導や育成のノウハウがまったく応用できず、本人に『聞いていいことと聞いていけないこと』の判断もつかないのです。個人情報にかかわるのではないかと思い、プライベートなことは聞いておらず、『合理的配慮』という言葉の具体的な意味はよくわからないけれど、本人を傷つけてしまうことをなるべく言わないようにして、いままで以上に気を遣って対応することと思っています。最近、Ｂさんに強く当たってしまう自分が情けないと感じています」と話しました。

　今回カウンセリングを受けようと思ったのは、最近、体調が少しずつおかしくなってきていると感じているからだとのこと。「会社のことを考えると夜もよく眠れず、以前より酒量も増えてきました。日々の自分の仕事もどんどんたまってきて、他の部下のことは後回しになっています。この状況がいつまで続くのかと思うと不安で、職場の人にも話せません」と悩んでいました。

　Ｂさんの情報でわかっていることは、Ａさんと同年代であり、学卒後、小さな会社の技術職で働いていたが、将来のことを考えて障害者雇用枠に応募し採用されたことと、新入社員研修は、健常者と障害者雇用が一緒の一般的な研修のみ受けたこと、だそうです。

　カウンセラーはお話をうかがいながらＡさんの苦しさを受け止め、Ａさんは「障害者雇用」という枠にとらわれて、彼本来の部下指導ができていないことを確認しました。「Ｂさんとはどんなお話をされるのですか」と尋ねると、Ａさんは「仕事を教えなければな

らないので仕事中心です」と答えました。１日も早く仕事ができるようにと思い、一方的に指導、チェックを繰り返している様子でした。「いつもやっている部下指導とは違いますか」と尋ねると、「それは違います。相手が違うし、相手のレベルがわからないから」とのことでした。

　カウンセリングを進めるなかで、ＡさんはＢさんとは仕事の話も一方的で指示的だったこと、焦りもあり、日常的なコミュニケーションができていないことに気づかれました。

　カウンセリング後、ＡさんはＢさんと話し合い、本人の気持ちなども聞いてみたとのことでした。Ｂさんは上司であるＡさんに、毎日迷惑ばかりかけていて、申し訳なく感じ、仕事を続けていくことができるのかどうか悩んでいたこと。また、Ｂさんは小さな会社で働いていたので「社会性が欠けているのかもしれない」などの反省の言葉も聞かれたとのことでした。

　Ａさんは、半年間いままで感じたことのないほど自信をなくし悩んできたが、カウンセリングを通して客観的に自身と向き合い、若干解消できたとお話しされ、また、部下のＢさんに対していままでより優しく接することができるようになったと語りました。Ｂさんも意欲的に仕事をやっているとの報告がありました。

　最後に「本当に職場のコミュニケーションは必要ですね」と言うＡさんの言葉は印象的でした。

▐ 人事の方へ

　雇用の多様化により、職場の従来の育成制度や、やり方が活かされず困っている担当者が多くいます。障害者雇用においても「合理的配慮」などの言葉が優先し、障害者雇用の本来の目的である「共

に働く」が義務的にとらえられている部分も散見されます。また、障害者の定着が進まないケースもみられます。

　今回の相談者のように、障害者を受け入れる側の社員がまじめで真摯に仕事に取り組み、苦悩し、体調不良になり、自身の能力に懐疑的になり自信がもてなくなるということも起こります。今回は社内的に評価されているゆえにＡさんに「丸投げ」されたようです。このようなことがないように配慮いただければと思います。職場でＢさんが戦力として活躍するためには、Ｂさんを支えることももちろんですが、指導する上司や担当者をどのように支えていくかも大切なことと思われます。障害者雇用に関しては、企業差もありますが、受け入れていく組織の意識変革も大いに求められます。単に雇用率の問題ではなく、今後の労働者不足も見据えて、仲間として働くとはどういうことか、お互いを認め合い、気持ちよく働くために何が必要か、組織として検討することがより求められます。各企業のなかでさまざま検討しながら実施された成功事例も多いかと思います。対象者もさまざまで、育成のプロセスなどがより細かく検討され、深耕されることが求められていると感じた事例でした。

〈カウンセリングの経過〉　　　　CL：クライエント　CO：カウンセラー

初回　自発来所（事前予約あり）　　　　　　　　　　○年○月

CL：自分自身の体調が悪くなり、カウンセリングに来た。Ｘ年に入社した部下の指導で困っている。

CO：詳しくお話をうかがう。相談者が部下に壁をもっていることを自覚する。多様な雇用に伴う配慮が自身の行動を制限していたことに気づく。部下とのコミュニケーションを図ることを確認し、共有した。

2回目 ○年○月＋１カ月

CL：以前気にしていた、部下への壁について、率直に部下と話し合った。お互いに大きな溝を認識し共通理解が得られ、Bさんの良いところも実感できた。また、上司としてリスペクトされていることを知り、自信を取り戻した。体調、いらいらなどは徐々に解消されてきた。「何かあったらまた来ます」と言いカウンセリングルームを後にした。

CO：部下と話し合い、理解が得られたことを確認し、苦労をねぎらった。今後何かあったらいつでも相談に来るよう伝え、終了した。

4 発達障害とわかった若手社員

相談者 Aさん	男性　20代前半　大卒　独身　小売業

主 訴	ミスが多く、毎日叱られてばかりで、生きている価値はない

■ 相談の内容

●電話相談から

　新卒で入社して１年半のAさんから電話相談担当のカウンセラー

へ電話がかかりました。とても落ち込んでいる様子で、ときどき言葉につまりながら小さな声でつらい思いを話されました。

「仕事でミスが続いて、上司から怒られてばかり。チェックしてもまたミスが出ます。大学までは勉強すればどうにかなりましたが、社会人としては失格だと思います。2週間後に県外の店舗へ転勤との辞令が出て、併せて主任へ昇格だと言われました。新しいところでやっていく自信はまったくありません。頭は働いていないし熟睡できない状態がずっと続いていますが、ミスをするなら人よりも働くしかないと思って会社に行っています。半年前、同僚のパートの女性から『Aさん、発達障害じゃないの？』と言われ、どきっとして、急ぎ心療内科を受診したら『ADHD』と診断されました。併せて『うつ状態』だとも言われました。ストレスチェックの点数も高かったけれど、自分ではうつとは思っていません。医者からは休職するための診断書を出そうかと言われましたが、会社に迷惑はかけたくないと思い、人事部へ電話しました。ADHDやうつだと診断され、体調がすぐれず通院しているので、転勤や昇格を取り下げてもらうよう相談したのです。でも、人事制度で例外は認められないと聞いてはくれませんでした。私は小さいころから人を怒らせたり、いらつかせたりする天才と言われ続けてきました。勉強は暗記すればよかったけれど、人の言ったことを覚えられないのには困っていました。ミスをすることは社会人としては失格です。失格だとしたら生きていてもしょうがない、死んでしまったほうが楽なのではないかと思い、飛び降りようとしたことはありましたが、怖くてできませんでした」

最初は会社でミスが多くて叱られてばかりで会社を辞めたいという話で始まりましたが、最後はもう生きていくのがつらいという話

が中心になってきました。Aさんのつらいという気持ちをしっかり
と受け止め、気持ちが落ち着かれたところで、電話相談ではAさん
へしっかりとした支援が難しいので、カウンセラーと会って悩みを
直接お話しされたらどうかと対面のカウンセリングを促しました。
Aさんの了解を得て、Bカウンセラーへ電話相談のやり取りを連絡
して、対面カウンセリングを依頼しました。

●対面カウンセリングから

　Aさんは翌日の予約を取り、当日、30分遅れて来談されました。
少し小柄なおとなしそうな青年で服装の乱れはありません。うつむ
きかげんで表情は平板でぽつぽつとお話をされました。心身の状
態、仕事の内容、日常の生活ぶり、診断の詳細などを質問し、状況
の整理をしました。また、発達障害であったことにショックを受け
たことや、周りが理解してくれないつらい気持ちを受けとめました。

　昨日の電話は、また仕事でミスをして上司から「国立大学を出て
いるのに、注意したことは忘れて、いつも同じ失敗ばかり繰り返す。
なんで直すことができないんだ。つまらない奴だ！」と叱責され、
思い余って相談したとのことです。

　生活のリズムの切替えができにくく、仕事のときには頭はぼーっ
としてしまうので心療内科を受診したら、典型的な「不注意型（の
び太型）ADHD」であると診断されたとのこと（正式なADHDの
診断名ではないが、「のび太型：不注意優勢型」「ジャイアン型：多
動・衝動性優勢型」と分類して受診者にわかりやすく医師より説明
されることが多い）。

　その特徴は、
①ぼーっとしていることが多い。
②落ち込むことが多い。

③日常生活や仕事上で決められたことやルーチンワーク作業が苦手である。

④ケアレスミスが多い。

⑤先を見越しての行動ができない。

⑥人の話をきちんと聞けなくて深く考えずに話す。

⑦上司の指示どおりに行動できない。

などを説明されました。それらの特徴はいままでのことを振り返っても、すべてがあてはまることばかりだった、とＡさんは話されました。

　発達障害の診断内容から、カウンセラーとしてＡさんにどう対応すればよいのかを考えました。Ａさんは発達障害ゆえの職場での失敗の多さから、叱責されるばかりで、自信を失い、自己肯定感が低下している状態にあります。二次障害として「うつ」状態に陥っていると見立てることもできます。つらい気持ちを受け止めて、日常の業務を出勤から退社まで詳しく話してもらいました。

　だれにでもできるルーチンワークはミスが多いとのこと。これは上記の特徴の③と④にあてはまります。お聴きするなかで、夕刻の業務で一番手間がかかっていた、いろいろな商品ごとに値引きした表示ラベル価格を変更するソフトを作成し、手間が大幅に減ったと、さも当然のように話されました。まさしく短所と長所は表裏一体なものです。Ａさんの「光りもの」を発掘することができました。

　「自分では当たり前だと思ってやったソフトの変更は、だれにでもできるものではないですよ。すごい！」とコンプリメントを与えました。いままで褒めてもらった体験はなかったのでしょう。うつむいて沈んでいたＡさんが初めて笑顔に変わりました。

　「自分の特性と折り合える仕事に就いて自信を取り戻し、職場と

生活での悪循環が好転して充実した社会生活が送れるようになれた
らいいね」と伝えました。そのためには、Ａさんは自分の特性をよ
く理解して対処方法を身につけること、会社では人事や職場の理解
を得てサポートを得ることが必要であることを助言しました。

　心療内科を受診する際には、いまの心身の状態、薬の効果と副作
用を事前にメモして主治医にしっかりと伝えることの助言と確認を
しました。また、会社から適切な支援を得るためにＡさんについて
理解を深めてもらうようカウンセラーがじかに人事部へ相談しても
よいか尋ねました。開示する範囲の確認もして、次回の相談日時を
決めて初回の面談を終了しました。

▌人事部との連携

　翌日、人事部担当者へ連絡を取り、Ａさんの心身の状態について
報告しました。また、Ａさんの特性、発達障害について理解を深め
るための説明とＡさんへの支援についてアドバイスしました。
①発達障害は病気だと分類されていますが「脳機能の偏り」「個
性」です。Ａさんは、目立った苦手分野がある半面、「他人と違う
発想」「集中力」「細部へのこだわり」などの、突出したスキルや能
力が多い方です。良さは良さとして認めて、そのうえでＡさんが、
不得意だとか苦手だとか感じて困っている部分にどう対処できるの
か、一緒に考えていく姿勢を取ることが必要です。そして、会社方
針と本人の特性とがマッチングすることが重要で、いまの店頭業務
よりも、システム開発部門などで得意なところをより活かす意味合
いで、部門異動やシステムエンジニアなどに職種変更されることを
提案しました。
②Ａさんは仕事のミスが続き、上司の方から叱責され続け、「うつ

状態」にあるのは二次障害と思えます。とかく、本人のできていない部分を高圧的に直そうとしたり、仕事のやり方を無理強いしたりしがちです。本人が何か努力している、同僚に歩み寄っていることを認めるとＡさんのつらい思いは変わってきます。面談でみつけた「光りもの」である値札変更ソフトの作成という他の人にはまねのできない遂行には、すぐに「褒める」ことが大切です。自分ではなにげなくやった業務改善を褒められて、「うれしい」という思いになると、自尊感情が高まってきます。すると、いままで苦手としていた業務もうまく回り出すことが多くなります。周りの人からも「お、最近いいね」「がんばってるね」という認識になって、本人と周囲で働く人たちの感覚がシンクロしてくると、職場の雰囲気もよくなってきます。

▌その後の経過とまとめ

　Ａさんの希望はすぐに叶うことはなく、新しい店舗へ主任として赴任されました。帰任された折にはカウンセリングを継続しています。うつ状態はだんだんと緩和されてきて、いままでよりは、ポカミスは減ってきたようです。Ａさんが自分の特性を理解して業務をされていることと、管理者をはじめ周りの人々の理解が、Ａさんのメンタル不調の回復と環境適応によい影響を与えていると思えます。

　Ａさんは入社するまで違和感を感じながらも、学校の成績が優秀なことで問題は見逃されてきました。配属された職場において、仕事上のトラブルの続出で受診し、発達障害であることを知ることになりました。

　15人に１人は発達障害の傾向があるともいわれています。Ａさんのように発達障害で環境適応に悩まれる方や、職場においてADHD

やアスペルガー症候群など大人の発達障害と疑われる社員との向き合い方について相談を受けることが多くなりました。一律に発達障害とレッテル貼りはしていませんか？　発達障害は病気ではなく個性です。Aさんのケースのように、目立った苦手分野がある半面、突出したスキルや能力があることも多いのです。発達障害者への正しい理解と支援、個性に合った業務へのアサインでめざましい成果がでる可能性があります。いかがでしょうか？

〈カウンセリングの経過〉　　　CL：クライエント　CO：カウンセラー

電話相談　　　　　　　　　　　　　　　　　　　　○年○月○日

CL：仕事のミスで上司から叱責され、思い余って電話相談をした。心療内科でADHDと診断され、転勤や昇格を取り下げてほしいと人事に相談したが、対応してもらえていない。

CO：対面のカウンセリングを勧め、予約をとった。

対面でのカウンセリング　　　　　　　　　　　○年○月○日翌日

CL：日常の業務等について詳しく話すなかで、ソフトの変更などが得意であることに気づく。

CO：診断結果から、自信を失い自己肯定感が低下している状態にあり、二次障害として「うつ」状態に陥っているのではないかと見立てた。つらい気持ちを受け止め話を聴くなかで、Aさんの得意なことにも気づけた。

人事部門と情報交換　　　　　　　　　　　　○年○月○日翌々日

CO：発達障害について理解を深めてもらい、Aさんの得意なことを活かした配置や対応方法について、カウンセラーの考え

を伝える。

その後

　異動は変更されなかったものの、Ａさん自身と周囲の管理者
等の理解により、メンタル不調から回復に向かう。帰任の折に
はカウンセリングを継続。

第9章

テレワークの問題

1 テレワークのストレスの悩み (Web カウンセリング対応)

相談者 Aさん	女性　40代半ば　独身　会社員　実家で両親と祖母と同居

主　訴	テレワークが続くが仕事量が多く、残業禁止といわれても遅くまでやらないと終わらない。同居する家族も心配しているが、どうしたらよいかわからずつらい。

▌ 相談室から

　相談室に、テレワーク中のためWeb（ビデオ通話）でのカウンセリングを希望する予約が入りました。カウンセラーは相談室から、Aさんは自宅のパソコンを使ってのカウンセリングとなりました。初めての相談室利用なので、カウンセリングについての説明とWebでのカウンセリングについてのインフォームドコンセントを行い、実施しました。対面と異なりタイムラグが生じるため話しにくいと感じる可能性があること、細かい表情などの把握が難しいこと、機器のセキュリティの問題やトラブルが生じる危険性があること、音声や画面にトラブルが起こった場合は電話への切替えで行うことなどについて説明し、了解を得たうえで相談を開始しました。

　「転職して約１年、仕事はだいたい理解できるようになりました。しかし、担当している２つの業務はどちらも締切りがあり、確認が

必要なため時間がかかります。職場では『テレワークでの残業は禁止』といわれていますが、気がつくと夜22時を回っていることが多いのです。出勤したときは本来の業務に集中したいのですが、電話対応が多く、仕事がはかどりません。電話は順番に取るという暗黙の了解がありますが、だれも取らないとつい取ってしまいます。上司に仕事量について相談しましたが、上司も多くの仕事を抱えている状況なので無理がいえません。

　自宅では両親と祖母がいて仕事を遅くまでやる私のことを心配しています。職場への通勤などでコロナウイルスを持ち込んで高齢の家族に感染させないか常に不安もあります。仕事を辞めたほうがいいとまで言われて困っています。そんな状況で、Web会議のときは家族のじゃまにならないようにヘッドセットをつけてやっていますが、なんだか集中できません」と、テレワークでの仕事の大変さやコロナ感染症に関する家族への感染の不安などストレスの多さが語られました。

　カウンセラーはＡさんの家族に対する心配と仕事量の問題、テレワークと出社を交互に行う大変さを受け止め、状況を確認しながら気持ちの整理ができるようかかわりました。職場の仕事については、業務量の多さとまだ不慣れで何度も確認しないと不安であることがわかりました。上司に相談しても上司自身も多くの仕事を抱えていることがわかっているので、業務を減らしてほしいとは言えないと感じて我慢していることが語られました。前の会社でも、仕事が多く我慢してやった結果、体調が悪くなり退職、同じことは繰り返したくないという思いが明確になりました。

　「業務の内容について上司に確認したいことが多く、自分の携帯を使って相談しています。それが一番楽だと思うのですが電話代が

高いことも気になります。ただすぐに聞けるのでしかたないと思う。この職場で長く続けたいのでがんばるしかありません」とつぶやきます。

　数回にわたるカウンセリングの後、部内のミーティングで自分の仕事について大変さを訴えたところ、調整が行われ、少し負担が減ったとのこと。電話を取ることについても他部署でも順番に取る体制をとってもらうことが提案され、少し楽になったとのことでした。

　業務量について上司と面談が行われ、業務の詳細な洗い出しをした結果、優先順位を明確にすること、完璧に仕上げることをめざさず、途中で業務報告すること、電話応対は減らすことなどが共有されました。「自分がきちんとしたいと思う性格であることは理解していますが、仕事は完璧で当然と思い、どんな仕事も手を抜かず全力でやっていました。それは大事なことですが、少しがんばりすぎました。上司からは『業務量が多いことはわかっていたが、できる人と期待していた』と言われ、上司の気持ちもわかり、自分の仕事に対する姿勢も評価してもらえて安心しました。しかし、もう少し自信をもって確認の回数も減らしてもよいのではないかと思えました。少し業務内容を調整してもらえたこと、同僚や上司の気持ちも理解できたことで安心して仕事に取り組むことができるようになりました。在宅での仕事は、家族に心配かけないように仕事の開始と終了のけじめをつけることを心がけたい」と笑顔で語りました。

　Webカウンセリングでは、途中声が聞こえにくくなるトラブルはあったものの、50分間話ができました。「初めてのカウンセリングでしたが、会っているような感じで話せました」との感想がありました。

　職場に出たとき挨拶に行きますとのことで、その後、相談室に来

られました。画面では上半身だけのＡさんでしたが、全身で本物の
Ａさんの雰囲気も確認できました。業務量や上司・家族との関係も
少し改善できてよかったと感謝の言葉を口にしました。対面が理想
ではありますが、遠隔地の方や体調がよくない方のカウンセリング
は電話やメール、Ｗｅｂなどいろいろ方法で行うことの大切さを感
じた事例です。

▊ 人事の方へ

　テレワークを取り入れている職場も、出社が必須の職場も、それ
ぞれ新型コロナ感染症対策や熱中症対策などで気配りと目配りをし
ながら社員のために熱心に取り組んでおられることと思います。と
くにテレワークの社員と出社を要する社員を抱えた職場の人事の方
はご苦労が多いことでしょう。

　今回の事例は転職により入社して約10カ月、業務量の多さや上司
とのかかわり、在宅での家族への対応、残業等でストレスが多く疲
れてしまった社員の事例です。テレワークについて就業規則等で定
めて円滑に行っておられると思います。それでも、社員のなかには、
完璧にしなければならない、任された仕事はこなさなければならな
いとがんばって疲れてしまう人もいます。日々の連絡や出社の際、
面談の機会を作り、業務の状況とその思いを聴いていただきたいと
思います。連絡方法も電話やビデオ通話、メール等工夫されている
と思います。メールのみのやり取りでは、一方的に指示のみ伝えら
れるとストレスを感じる人もいます。いま、どんな思いで仕事して
いるのか、家での仕事はどうか、家族の協力や関係はどうか、何に
困っているのか、悩んでいるのかなど社員に問いかけて確認してみ
てください。傾聴を心がけ、気持ちを語っていただく機会を大切に

していただきたいと思います。そのためのコミュニケーションを
しっかりとり、離れていても心の距離は近い職場であると皆さんに
感じていただくことが大切だと感じました。

〈カウンセリングの経過〉　　　CL：クライエント　CO：カウンセラー

初回　　　　　　　　　　　　　　　　　　　〇年7月〇日

CL：テレワークが始まって3カ月になるが、仕事量が多くと
ても大変だ。朝夕のメールでの指示は冷たい感じで嫌な気持ち
になる。会社からは残業禁止といわれているが締切りのある業
務が多く、気がつくと遅い時間になっている。出社すると電話
応対だけで時間が過ぎて本来の業務がなかなか進まない。残業
せざるを得ない状況が続いている。

CO：つらさを受け止め、状況確認をした。テレワークによる
業務や上司へのストレスも多いため、ストレス解消法を確認
し、他の方法について提案をした。

2回目　　　　　　　　　　　　〇年7月〇日（＋1週間）

CL：転職して10カ月、仕事を覚えてなんとかここでやってい
きたい。事務的作業仕事と電話対応が多く、必要な連絡や確認
があるので本来の業務が終わらないと帰れない。人を増やすの
は経費的に無理といわれるが、いつまで続くか不安になる。自
分は仕事をきちんとしたい。そのため確認作業が多くなること
で時間がかかってしまう。

CO：傾聴し、状況の確認と気持ちの整理を行う。仕事に対す
る信念・価値観を確認した。この状況がどのようになったらよ
いか問いかけて上司にどう伝えるか考えてもらった。

3回目　　　　　　　　　　　　　　　○年7月○日（＋2週間）

CL：テレワーク体制によりオンラインでの会議が多くなる。家族もいるので、じゃまにならないように、情報漏れがないように気をつけている。遅くまで仕事していると家族が心配する。残業していると上司もわかるはずだ。前の会社でも仕事量が多く我慢してやったが体調を崩して辞めた。同じことは繰り返したくない。部内のミーティングで話してみようかと思う。

CO：やりがいを再確認、仕事についてミーティングで話す決断を支持する。何をどう伝えるかメモを取りながら確認した。

4回目　　　　　　　　　　　　　　　　　　　　○年8月

CL：仕事の状況が少し改善された。ミーティングで仕事の大変さを訴えて理解された。伝えることが大切、1人で我慢してストレスをためるのはだめだなと思った。カウンセリングを継続してコミュニケーションのとり方についても考えていきたい。

CO：気づきを支持、今後のカウンセリングの目標を相談。

2　テレワーク中の新入社員の悩み

相談者 Aさん	男性　20代前半　理系　大学卒　新入社員　就職後一人 暮らし

主　訴	自分に求められていることがわからない。テレワークをしているが、誰にどう相談すればいいかもわからず、困っている。

▌相談室から

　入社して半年たったAさんからカウンセリングの予約がメールで入り、3日後に相談室に来室されました。当初はにこやかでしたが、話し始めると徐々に表情が暗くなってきました。話の内容は以下になります。

　4月に新卒で入社したのですが、新型コロナウィルスの緊急事態宣言の発令により、すべての新入社員研修がオンライン研修になりました。2カ月近く研修を受けた後に配属されたのが、研究部門でした。そこは大学で専攻していたものとまったく違う分野の研究だったので、配属されたときには戸惑いがありました。

　現在は週3日テレワークです。6人のチームで、入社4年目の先輩が教育係になっています。仕事は専門用語を調べることから始め

ている状況で、自分に何が求められているのかもわからず、どうやって進めたらいいかわかりません。教育係の先輩は優しいのですが、出社しているときにしか質問できず、いつも忙しそうで話しかけるタイミングがわかりません。昼食時も会話はしないようにしていますし、仕事中は仕事以外の話をする時間がないため、チームの皆とも話しづらい感じがあります。コロナ禍で新入社員歓迎会や懇親会もありません。社内で自分がどう評価されているのかも不安です。最近は出社するのが苦痛になってきました。

　同期は大学院卒も多く、みな優秀そうで、同期のなかで自分だけが遅れているように感じています。来年新人が入ってきても何も教えられないと思うので不安です。オンライン研修だったために親しい同期はおらず、同期の様子がまったくわかりません。

　テレワークの日は、朝は始業ぎりぎりまで寝てしまい、生活リズムが乱れがちです。気がついたら昼休みが過ぎていたり、逆にだらだらと過ごしてしまったりする時もあります。仕事が終わってからも気持ちの切替えができず、仕事の不安でいっぱいになります。外出を控えているため、土日は家事をするだけで、ずっとだれとも話さずにひとりで家にこもって過ごしています。近県の実家にも感染が不安で就職してから一度も帰省していません。

　Aさんはしっかりとした口調で就職してからの様子やこれまでの思いをゆっくりと話されました。話からは、仕事のやり方や求められていることがわからないまま今に至ってしまった不安感や焦りが伝わってきました。コロナ禍での３密回避や自粛、テレワークによるコミュニケーション不足の影響が孤独感を強くしていると考えられました。

Ａさんには、ご自身を客観的に振り返ることで気持ちの整理をしていただきました。実際の業務状況や評価を確認したところ、悪い評価はされておらず、不安が大きくなりすぎていたことに気づかれました。

　体調は、疲労感はあったものの具合が悪いところはありませんでした。ただ睡眠や生活のリズムが乱れていたため、まずは生活管理に気をつけてもらうことにしました。仕事中の時間管理には、タイマーの利用を提案し、テレワーク中や休日にできそうな気分転換やストレス発散の方法も具体的に考えてもらいました。

　仕事面では、わからないことは気を遣いすぎずに自分から質問や相談するように努力したいと話されました。ただ、すぐに相談できるようになるのは難しいと思われたため、Ａさんとつながりのありそうな人を一緒に探しました。そして、Ａさんの承諾を得て人事課とチームリーダーにも協力してもらうことにしました。人事課には就職活動の際にお世話になった社員がいるという話でしたので、その社員にＡさんへの声かけや仕事の相談にのってもらうように依頼しました。また、チームリーダーには少し注意して様子を見てもらうようにお願いしました。

　その後Ａさんは、人事課に相談するとともに、チームの先輩にも徐々に質問ができるようになりました。チームリーダーや周囲の社員も気にかけてくれるようになり、職場での孤独感は減ってきています。そして生活と仕事の時間管理を工夫しながら、気分転換を心がけて生活しています。現在は、不安でいっぱいになることはなくなり、いまできることをしていこうという前向きな気持ちで過ごせるようになってきました。

人事の方へ

　現在多くの企業でテレワークを導入しています。テレワークに順応している人がいる反面、うまく適応できていないケースも見受けられます。自己管理力が必要となるテレワークでは、時間管理が苦手な人は生活リズムが乱れてしまい、それが心身の不調につながってしまうこともあります。また、テレワークだけではコミュニケーション不足になりがちで、業務の指示が正確に伝わっていない場合もあります。情報を相互共有して修正することも簡単ではありません。さらに勤務中の様子もつかみにくく、悩みを抱えている社員がいても周囲は気づきにくいといえます。

　とくに新入社員は就職やテレワークという新しいライフステージや環境に身をおきます。生活環境が変わる場合もあり、さまざまな環境変化によるストレスがかかっていると考えられます。外見上元気に振る舞っていても、周囲が悩みに気づいたときには深刻な状況になっている場合もあり、不調の早期発見は大切です。

　健康経営の推進にも、新入社員の早期退職やメンタルヘルス不全の予防の取組みは重要です。このような場合、周囲のサポートをうまく使えるようになるために、コミュニケーション研修や傾聴訓練、自分の言いたいことを上手に伝えるアサーション訓練が有効です。テレワークでは管理職のふだんからの目配りや声かけは、いままで以上に重要となるでしょう。さらに、新入社員全員を対象としたカウンセリングを実施することにより、ちょっとした悩みや不安を話す体験を通して、自己理解を深められるとともに、相談しやすい環境づくりにもつながります。

〈カウンセリングの経過〉　　CL：クライエント　CO：カウンセラー

初回　　　　　　　　　　　　　　　　　　　　○年9月1週

CL：入社半年の新入社員。仕事で何を求められているのか、どう進めたらいいのかわからず、困っている。今後やっていけるのかどうかも不安。最近は出社が苦痛。新入社員研修はオンラインで、配属後は週3日テレワークをしている。職場ではコミュニケーションの機会が少ない。同期がどのように仕事をしているのかもわからない。テレワーク中は生活リズムが乱れがちになり、時間管理が難しい。

CO：いままでのがんばりをねぎらいつつ、孤独感や不安な気持ちを受けとめた。そして不安を軽減するためにはどうすればいいかを一緒に考えた。生活リズムの改善についても話し合った。Aさんはいままで自分の力で問題解決をしていたため、周囲に悩みを相談することにやや抵抗があるようだった。そこで、自ら相談できるように支援をしながら、困っている状況をカウンセラーから人事課とチームリーダーに伝えてもいいか確認して承諾を得た。人事課とチームリーダーにはAさんへの目配りや声かけをしてもらい、相談にのってもらうように依頼した。

2回目　　　　　　　　　　　　　　　　　　　○年10月1週

CL：先輩には遠慮せずにわからないことを質問するようにしていたら、いま何をしたらよいかが少しわかるようになってきた。人事課の人に声をかけてもらい、仕事のやり方を相談できて安心した。同期の様子も教えてもらって、焦らなくてもいい

とわかった。チームリーダーがときどき様子を聞いてくれて具体的なアドバイスをしてくれるのは心強い。いまは自分にできることをこつこつとやっていくしかないと思っている。まだ今後の不安はあるが、不安になったときは気分転換を心がけたい。生活リズムや時間管理は改善しており、体調がよくなった気がする。今後は自分でやっていけそうだ。

CO：先輩に質問できたことや人事課に相談できたことを支持した。それが自信につながると共有した。自分から周囲とコミュニケーションを取るように心がけ、周囲からのサポートを上手に使えるようになることを今後の目標とした。そしていい生活リズムの維持が大切であると再度確認した。今後気になることがあればいつでも来室してほしいと伝えて、カウンセリングは今回で終了した。

　人事課には新入社員全員へのカウンセリングの実施を提案した。その後、実施する方向での検討がされている。

3　孤独なリモートワーク

相談者 Aさん	女性　20代半ば　会社員　独身　母と2人暮らし

主　訴	リモートワークになり、通勤ストレスから解放され楽になったはずなのに、最近仕事のやる気が起きない。

▌相談室から

　入社3年目のAさんからカウンセリングの電話予約が入り、翌日に来室しました。顔色は少し青白くすらっと背が高いやせ型、服装はシンプルで身だしなみもきちんとしていました。表情は柔らかく終始笑顔。相談内容は、最近仕事にやる気が起きず困っているということで、次のように話しました。

　3月から完全リモート勤務になりました。自分の部屋で仕事ができるし、何より通勤のストレスがありません。不謹慎かもしれませんが、自分はうれしいと思っていました。ところが2カ月ぐらいたったあたりから仕事をやる気が起きず、朝起きるとお腹が痛くなりました。ほとんど毎朝なので心配になり近所の内科へ行きましたが、とくに異常はなく、ストレスだろうといわれ様子をみることになりました。

「安定」を一番に考えいまの職場、職種（SE）を選びました。仕事が始まると、自分は人にわからないことを聞いたり、逆に意見を求められることがとても苦痛だと気づき、そういうときには頭が真っ白になりました。周りの人は優しい言葉をかけてくれますが、期待に応えられない申し訳なさと、内心ではあきれているに違いないという思いで押しつぶされそうになります。リモートだとすぐには相手の反応が得られないことが多く、人の気配が感じられません。そのことにも強い閉塞感を感じるようになり、これではいけないと思い、自分で調べてこちらの相談室に来ました。

　Ａさんはもともとカウンセリングや心理学には興味があったので、自分のいまの状態や人と話すのが苦手なことについてはインターネットや本で調べたが、そこから気がついたことや感じたことをだれかに聞いてほしかったと話しました。体調や生活環境、身近な相談者の有無などを確認し、そのあとは自由にいま思っていることを話してもらいました。人と話すことを欲していたのか、高いテンションで明るく話していたのが印象的でした。ただ、簡易なストレスチェックをすると、かなりストレスの状態は高く、Ａさんの現在の状況とあわせて考え、まずは心療内科の受診を勧めました。また、アサーションについてもかなり興味をもっていたので、Ａさんに合ったアサーティブな関わりについても一緒に考え、心の負担にならない程度で実際に取り入れてみることを提案しました。

　その後の面談でＡさんは、「パソコンに向かっていて、わけもなく涙が出ることが数回ありました。自分が壊れたのかと怖くなり心療内科へ行きました。『自律神経失調症』との診断を受け、2〜4週間休職するように勧められました」と話しました。自分としても

そうしたいが、上司にはどうやって伝えたらいいのかわからないというので、Aさんが伝えたいこと、伝えなくてはいけないことなどに分けて具体的なセリフを考え、ロールプレイを試してみました。Aさんは状況が許されるのなら、上司には直接会って話すのが一番楽だというので、そのことも支持しました。最終的には1カ月の休職に決まりましたが、まず信頼できる先輩に話し、そこから上司へつないでもらい直接話せたそうです。他者に吐き出すことで自分の気持ちを確認し、同時に自分を大切にしたい気持ちが徐々に高まるのを実感したとも話していました。

　克服の過程ではこういった成功体験の積み重ねがとても大切です。また、カウンセラーが丁寧に話を聴くことで、Aさんには「人と話すことの重要性」を改めて理解していただけたと感じています。

▌人事の方へ

　コロナ禍においては、リモートワークが急増し、職場で顔を合わせる機会が少なくなったため、従業員同士のコミュニケーションはより丁寧で細やかなものが求められるようになりました。チャットツールやSNSだけでは、コミュニケーションの基本である「双方向でのやりとり」が保ちにくくなります。仕事の指示や指導も一方的になってしまい、用件もぼんやりとしか伝わらないこともあるでしょう。それを確認するには想像以上に神経を使い、そこから孤独や閉塞感を感じる従業員もいることを知ってほしいと思います。

　緊急事態だったので、とにかくハード面を整備することが最優先でしたが、それを操作する「人」に対しての配慮がいまもまだ置き去りにされているように感じます。どうせ在宅だからと残業を増やされたり、休暇なのにSNSで仕事を指示される……というような相

談がコロナ禍において増えてきました。

　先のみえない不安や思うように外出できない不自由さから、なんとなく調子が悪いという従業員も数多く見受けられます。画面の向こう側にいるメンバーに対し想像力をフル回転させ、質問しやすい雰囲気づくりや、親身になって話を聴くことをいつも以上に意識することが大切です。とくに管理職の皆さんにはこのことを意識づけし、共有する機会を改めて作ってほしいと思います。また、相談者のような若い従業員に対してはオンラインなどを活用し、アサーティブなかかわり方の研修や部署を超えた意見交換会などを実施して、少しでも閉塞感をなくし孤立させないためのサポートを心がけてほしいと思います。

〈カウンセリングの経過〉　　　CL：クライエント　CO：カウンセラー

初回　　　　　　　　　　　　　　　　　〇年6月2週目

CL：3月からリモートワークになったが、最近孤独を感じ、やる気が出ない。ひと月くらい前から残業も増えた。このごろ毎朝お腹が痛くなり、仕事中もふいに涙が出るようになった。どうしたのだろう。病院にも行ったが悪いところはない。相談する人もいないので、自分でなんとかしようとインターネットや本を使い調べた。いろいろ考えたこともあるので聞いてほしい。

CO：まずは身体に表れている症状やおかれている状況を丁寧に聴き、その後Aさんが聴いてほしいと思っていることを自由に話してもらった。簡易なストレスチェックではストレスが高かったので、心療内科の受診も勧めた。今後も医療につながりながらカウンセリングを進めることを確認した。

2回目　　　　　　　　　　　　　　　　○年6月4週目

CL：朝の腹痛は変わらず、最近は昼間でも痛くなり体重も減ったので、怖かったが心療内科を受診。2週間から4週間の休職を勧められた。自分もそうしたいが、上司にはどう伝えたらいいのかわからない。アサーションについて少し勉強した。リモートワークは苦手だが、仕事自体は好きなのでまたこの仕事に戻りたい。でも戻れるのかとても不安である。

CO：心療内科へ行った勇気をコンプリメント（称賛）しつつ、どう伝えたらいいのかわからない思いを丁寧に傾聴。他者とかかわることがなぜ苦手か、どんなことならできるかなどを一緒に考え、アサーティブなかかわり方で伝える練習もした。次回までに少し実践してみることを課題とした。

3回目　　　　　　　　　　　　　　　　○年7月2週目

CL：とりあえず、1カ月休職することになった。相談室で気持ちを吐き出すうち、自分を大切にしたいと思うようになった。練習したことを活かし、一番信頼できる先輩に伝えてみた。ちゃんと伝わりホッとしている。相変わらず朝には弱いが、予定どおりの復職をめざしたい。そのためにもカウンセリングは続けたいし、アサーティブなかかわり方ももっと学びたい。

CO：勇気をもって一歩踏み出せたことを一緒に喜び、とにかく復職は焦らず、心と体の回復を最優先にすることとカウンセリングの継続を確認。休職中の過ごし方なども一緒に考えた。

第10章

危機介入

1　いまそこにある生命の危機に介入

> **相談者** ｜ Ａ企業の総務課長

> **主　訴** ｜ 社員Ｂ（男性25歳）の様子がおかしいと、社員寮の管理
> 人から連絡があった。どのように対応すればよいか。

▌相談室から

　ある日の夜９時ころ、カウンセラーが出張帰りの新幹線乗車中
に、相談業務契約をしているＡ企業の総務課長から緊急電話がか
かってきました。内容は、社員寮の管理人から課長に連絡があり、
「入社２年目の社員Ｂの様子がおかしい、真っ青な顔をしてじっと
食堂にいて、何かよくわからないが危ないように感じる。どうした
らよいかわからないので対応を相談したい」とのことでした。社員
Ｂは、ふだんからおとなしく自分のことをあまり話さないタイプ
で、注意はしていましたが、だいぶ仕事にも慣れてきたので安心し
ていたとのことでした。緊迫した課長の声の様子から危機的状況の
ように思えました。

　そこで、電話で課長と現場状況と優先順位を吟味し、緊急の対応
方法について助言しました。

　まず、だれかが必ずそばについていること。横になるだけでもよ

いので睡眠を取るように説得すること。身内の方のサポートを要請すること。そして、緊急に産業医もしくは救急の精神科につなげること。

これらの助言を受けて、総務課長が一晩一緒に過ごし、身内へ連絡を取るなどし、翌日には兄とともに総合病院の精神科に来院しましたが、入院には至らず、1カ月間の休職になりました。

休職後は、A企業内の規約に則り、産業医を含む安全衛生委員会の復帰プログラムの下、試し出勤後、業務に復帰、並行してカウンセリングを行いました。

また、A企業ではメンタルヘルス対策やそのフローは一応できていましたが、新たに危機対応時に当該個人を支援や対応する「見守りネットワーク」の設立方法を規定しました。その場面で助言したのは、「見守りネットワーク」のメンバーについて、クライエントのストレッサーになるような方をなるべく排除することと、あまり近い方でなく弱いかかわりがある方（直属でない上司など）がメンバーにいることを勧めました。

▌人事の方へ

今回は、社員の生命の危機における事例です。ほかにも、新入社員の女性（営業職）の母親から「娘の様子がおかしい」という連絡を受け、対応したケースもあります。

その女性は総合職として入社し、会社からは大いに期待されて成績の良い営業所の上司の下に配属されていましたが、ノルマと上司からのプレッシャーがきついこと、また強制はされていないのですが、一般職と同様にお茶くみなどの庶務的な仕事も役割としてあり時間が取られていると母親にこぼしていて、「もうだめだ、体調も

おかしい」「辞められない、みんなに迷惑がかかる」と言っていました。母親の電話の様子から危機的状況と感じ、すぐに家族とともに当該社員の下を訪れ、事なきを得ました。

　事が起こらなければ表面化しない場合が多いのですが、実際には、見過ごしてしまうようなことでも、一歩間違えると大変不幸なことになるような場面が多くあります。どのような対応によって「あんなこともあったね」と言える出来事になったかを参考にしていただければ幸いです。

　今回紹介したケースは、企業において一定のメンタルヘルス対策は取れていた事例です。実際に事が起きることを防げたのは、近くにいた社員や、身内の何かおかしいという感覚を周囲に素早くつなげたことです。心理的な危機的状況に陥ったとき、そのことを後で知ることになったものの、そのときには見過ごしてしまっていた、ということが多いものです。周囲は、事が起きてしまった後、状況を理解し、深い後悔にさいなまれるのです。当然、本人の性格や病理、体調やそのときの心理的葛藤など原因となることはさまざまです。また、それぞれ企業や組織の職場の風土や特徴、場面や経緯、状況や対象の方の人間関係などの状態も多様であり、ケースごとに対応は違ってきます。ただ、いま、危機的な状況におかれている社員の周りの人が危機を感じたときには、脱するための対策に素早く動くこと、またその対策を用意していること、家族を含めた緊急のネットワークを設立することなどが必要だと思います。当たり前のことですが、命の危機を回避することが大事です。

〈カウンセリング等の経過〉

課長から電話を受けた際にカウンセラーが行った助言、その後の経過

1. まずだれかが必ずそばについていること、できれば複数で、他の方がいると意識させるだけでもブレーキになる。

　　その後の経過：管理人と年が近い社員に寄り添うことを依頼、後ほど駆けつけた総務課長が交代し、一晩一緒に過ごした。

2. 横になるだけでもよいので睡眠をとるように説得すること、もし危機的な行動をとった場合なんとしてでも止めること。

　　その後の経過：横にはなったが眠れなかったようであった。危機的な行動はなかったが、食堂にいるとき「消えたい」とつぶやいたのを他の社員が聞いたことが後ほどわかった。

3. 身内の方のサポートを要請すること

　　その後の経過：実家が遠方ですぐに駆けつけるのは不可能であるが、すぐに連絡することとし、会社の人間がサポートすることを伝え、次の日の朝、本人の兄に来ていただいた。

4. 緊急に産業医もしくは救急の精神科につなげること

　　その後の経過：産業医とは連絡が取れず、まず横になって休むことを優先した。翌日、兄とともに総合病院の精神科に来院し、入院には至らず、1カ月間の休職になった。

休職からの復帰後

　　休職後、Ａ企業内の規約に則り、産業医を含む安全衛生委員会の復帰プログラムの下、試し出勤後、業務に復帰、並行して

カウンセリングを行った。

企業としての新たな危機対応策

　A企業ではそれまで行われていたメンタルヘルス対策やそのフローに加えて、新たに危機対応時に当該個人を支援や対応する「見守りネットワーク」の設立方法を規定した。

2　危機介入とリスクマネジメント

相談者 Bさん	男性　52歳　Aさん（男性30歳）の上司

主　訴	部下であるAさんが「自分は殺されるのではないか」と言っており、どう対応したらよいかわからない。

▌相談室から

　Aさん（男性30歳）の上司Bさんから、相談室に緊急の電話が入りました。

　昨日Aさんから「パソコンから『おまえなんて死ね』という声が聞こえて苦しい。自分の考えが外部に漏れてテレビでリピートされている、周りが皆自分のことを非難している、このままでは自分は

殺されるか、自殺するしかない」という訴えがあり、今日は連絡の
ないまま出社していないということでした。Bさんは、どう対応し
たらよいのかわからないので、カウンセラーのアドバイスを聞きた
いということでしたので、相談室に来てもらいました。

　Bさんによると、Aさんは会社の寮に住んでいるが、残業続きで
疲労していて、表情が暗く不眠気味だったとのこと。SEの仕事を
していてまじめな性格だが、友人がいなくて孤立しており、上司も
心配していたようです。

　カウンセラーは危機介入の可能性がある点を考慮して、以下の点
をBさんにアドバイスしました。

1　安全の確保が第一優先。すぐに上司か保健師さんが寮に行き、
　安全を確認しケアする

2　医療につなげる必要がある（統合失調症の可能性がある）

3　自傷、他害の可能性がある場合、危機介入が必要である

4　そのためにはプライバシーの保護は破られてもしかたがないの
　で、安全確保のためと医療につなげるために、家族に来てもらい
　ケアを依頼する

5　家族がいなかったり、仲が悪くケアが無理の場合、また本人に
　病識がなく医療を拒絶する場合、厚生労働省の指定精神保健医2
　人に連絡を取り、措置入院の手続きをすることも考慮に入れる

　保健師さんとBさんが会社の寮に行ってみたところ、幸いAさん
は寝ていて無事でした。Aさんには、不眠や強い不安のため支障が
出ていることに納得してもらい、翌日には精神科を受診し、統合失
調症との診断が出て、安全の確保のため2週間の入院となりまし
た。また、家族に連絡を取ったところ、その日は母親が駆けつけて
くれ泊ってくれました。

翌日の受診と入院にも母親に連れ添ってもらいケアをしてもらった結果、２週間で回復。投薬の効果もあり、妄想や幻覚の症状はなくなり、眠りも確保できるようになって復職が可能になりました。その後は、本人とカウンセリングを実施（１回）、会社全体でのサポートを継続した結果、２カ月後にはすっかり元気になり、快復しました。

　このケースでは大事に至りませんでしたが、危機介入の知識を知らないと対応を誤って大きなリスクを背負うことになるので注意が肝心です。とくに５のケースは注意する必要があります。自傷他害の可能性がある場合は安全の確保が緊急課題であるため、個人情報やプライバシーの権利は破られても許されます。むしろ、家族への連絡や受診を本人が拒否することで、緊急対応をしないで様子をみた結果、自殺に至った場合は、会社側が訴えられ労災認定に巻き込まれるというリスクを負います。統合失調症は、病識がなく、本人にはリアルに実際に声が聞こえているので医療につながらないケースが多いのです。その際、家族の同意があれば本人の同意がなくても強制的に入院させることが可能です（医療保護入院）。

　しかし、家族がいなかったり、仲が悪くケアが無理である場合、また本人に病識がなく医療を拒絶する場合、自傷他害の可能性がある限りにおいて、厚生労働省の精神保健指定医２人の同意があれば、強制的に入院させることができます（措置入院）。

　統合失調症は100人に１人の確率で存在することから、リスクマネジメントの視点からも、人事や健康管理室が危機介入の知識と対応を身に付けていることが重要になっています。

　また、家族や精神科医に連絡する際は、統合失調症の可能性や妄想、幻覚などの医療用語は使用しないように気をつけることも肝心

です。診断は医者のみが可能なので、あくまでも事例性（殺される
という訴えがあり、仕事が立ち行かなくなっているので本人も会社
も困っている）で連絡するようにします。

▍人事の方へ

　ストレス過剰社会が進むなか、ストレス対応の観点からも、リス
クマネジメントの観点からも最悪の場合を想定して、危機介入の知
識と対応策を理解して実践できる準備があることが重要になりま
す。その際には、前述したように厚生労働省の精神保健指定医との
連絡が必要になります。このため、あらかじめ精神保健指定医との
ネットワークを構築しておいてリスクに備えることが必須です。産
業医は内科医であるケースが多いので、産業医のほかに精神保健指
定医との提携だけは構築しておいてほしいと思います。

〈措置入院〉

　精神保健福祉法第29条による強制入院である。都道府県知
事、政令指定都市市長の命令により精神保健指定医２人以上の
診察を受けさせ、その者が精神障害者であり、自身を傷つけ又
は他人に害を及ぼすおそれがあるという診断が一致すれば、そ
のものを精神科病院または指定病院に入院させることができ
る。この際、保護者の同意は不要である。入院期間に制限はな
く、退院は医師の判断で可能となる。

　緊急措置入院は措置入院と違って精神保健指定医１人の診察
のみで入院させることができるが、入院期間は72時間以内に制
限される。

〈カウンセリング等の経過〉

Bさんが、Aさんへの対応で相談　　　　　　　○月○日

　Aさんの様子（殺されるか自殺するしかないと言っている）を聞いて、危機介入が必要と判断。すぐにAさんの安全を確認し、翌日精神科を受診。統合失調症と診断され入院する。当日、家族に連絡を取ったところ、母親が駆けつけてくれた。

Aさんとカウンセリング　　　　　　　　　　○月○日

　退院、復職した1週間後Aさんとのカウンセリングを実施。投薬と入院治療で妄想などの症状はなくなり、睡眠も取れるようになってすっかり元気になった様子が語られた。カウンセラーは、ストレスがかかると再発する可能性があることを伝え、予防のためのアドバイスを伝えた。

3　工場における事故後の心のケア

相談者｜事故発生工場の工場長、被災者の上司、診療所の看護師、人事担当者

主　訴｜設備担当者３人が、電気設備の作業中にアーク放電（非常に高い熱と光を発生させる爆発性の圧力波）が発生し、熱傷を負ってしまった。
被災者の心のケアおよび工場（会社）側の対応等についてのコンサルテーションを行ってほしい。

▌相談の経過

　従業員のカウンセリングのために月１〜２回程度訪問している工場の診療所の看護師さんから電話が入りました。

　「２週間前に、設備担当者３人が電気設備の作業中に、アーク放電が発生し、高熱による熱傷を負い、救急搬送された大学病院等で入院治療を受けています。

　工場長以下関係者と対応策について検討した結果、『熱傷治療はしているが、心のケアは未対応となっている。このような災害に遭ったときの心の傷は相当なものだろう。ふだん、メンタルヘルス研修で学んでいるような対応方法とは違っていっそう慎重に対応していかなければならない。ついては、被災者の心のケアと工場側の対応についてコンサルテーションを実施してほしい』となりました

ので、工場に来てもらえますか？」というものでした。

　すぐに工場を訪問して事故の状況や被災者の状態などをうかがい、情報の共有や今後の対応について協議しました。

　被災者3人は、ともに顔と頚部および手に熱傷を負い、入院治療を受けているとのことでした。

　まずは、関係者に被災者対応の姿勢や基本知識などを理解していただくために、カウンセラーが東日本大震災の1カ月後に被災者のケアに用いた日本赤十字社の「災害時のこころのケア」を持参し、被災者対応の理解を深めるようにしました。

　たとえば、①災害はすべての人の心に影響を及ぼすこと。②災害時に心に受ける影響は「異常な出来事に対する正常な反応」だということ。③災害時の心の問題について、事前に知っていることが心の問題を軽減するのに役立つことなどです。

　この基本的な知識を共有し、工場とカウンセラーが密に連携を取り、被災者が退院してから自宅療養を経て復職し、最終的には事故現場に行くことができたり、同様の作業が無理なくできるようになるための対応策を検討しました。

　この後、被災者3人とは熱傷の程度に応じて6〜12カ月間、面談を重ね、ストレス症状の軽減を確認しながら復職支援を行いました。

　復職後は事故現場に行くことや同様の作業が無理なくできるように慎重に慣らし作業などを行い、最終的には、被災者全員が事故前の状態に戻ることができました。

▌人事の方へ

　日ごろは、従業員のメンタルヘルス対策にご尽力されていることと思います。

今回の事例は、工場で起きてしまった事故で被災された従業員の心のケアについてです。まれなケースですが、ふだんのメンタルヘルス対応とは異なった緊急事態の際に、被災者に対して工場（会社）として、どのように対応したらよいか？　など、少しでも参考にしていただけたらと思います。

　被災者ケアを始める前に共通認識としてもっておきたいことは、事故（災害）の規模にかかわらず、災害時に被災者が心に受ける影響は「異常な出来事に対する正常な反応」であるということ。

　時間の経過とともに被災者の身体・思考・感情・行動の反応がⅠ急性期（発生直後から数日）⇒Ⅱ反応期（１週間から６週間）⇒Ⅲ修復期（１カ月から半年）と変わっていくことなどを認識していただきたいと思います。

　今回の事例では、事前に関係者が集まり、想定されることなどを洗い出し、それらを念頭においた対応を協議しました。

①熱傷は目に見え治療による回復度合いがわかるが、心の傷は目に見えず回復度合いがわからない。

②熱傷は陽に当たると黒く沈着してしまうため外出時は保護剤を塗ったり、マスクやサングラスで覆い直射日光を避けなければならないため、家にこもりがちになる。

③家族は仕事や学校などに出てしまい、日中は独りになってしまう。

④工場地域は公共交通機関が十分でなく被災者は車で数十分の通勤をしている。自宅療養で外に出にくい状態のため、被災者のケアは自宅に出向く形にしたほうがよい。

⑤家族もいろいろな不安や心配を抱えており、ときには会社への不信や不満があるかもしれないので、併せて家族への対応も誠実に丁寧に行うこと。

⑥入院中だけでなく、自宅に戻ってからの療養中も会社からの温かい声かけを欠かさないこと。

⑦事故原因が解明され、被災者に説明をする場合には慎重に行い、責めるような形にならないようにすること。

⑧復職する際は、職場の人たちが温かく迎え入れてくれる配慮ある環境を整えておくこと。

　これらを踏まえたうえで、関係者が被災者第一の誠実な対応を行いました。連携の場をもって、情報の共有や対応の仕方を確認していくことが大切だと思います。

〈カウンセリング等の経過〉

事故発生後の経緯

＜事故発生時＞　被災者３人が、それぞれ別々の病院に救急搬送され入院

＜事故発生から14日後＞　診療所の看護師さんからカウンセラーに状況説明と心のケアの依頼

＜依頼から３日後＞　工場（会社）としての対応方法等の協議

＜事故から３〜４週間後＞　カウンセラーが被災者３人の自宅にうかがい面談

初回カウンセリング

　被災者３人が、事故により心に受けた傷がどのようなものか？　程度はどのくらいか？　などを目に見えるようにし、傷が癒えていくのか悪化していくのかを把握するため、ストレス症状の測定を行いました。

　心理テストでは、３つのストレス症状（①侵入症状、②回避

症状、③過覚醒症状）の把握、心的外傷性ストレス障害
（PTSD）の可能性の測定と予防などを行いました。
　測定結果と被災者の語りから、
①侵入症状：事故を思い出すと気持ちが高ぶる。寝付きが悪く
睡眠の途中で目覚めてしまい眠りが浅い。事故の夢をよく見る。
②回避症状：なんとなくそわそわして落ち着かない。電気機器
のコードの抜き差しなどを避けてしまう。事故のことを考えな
い、話さない、触れないようにしている。
③過覚醒症状：何ごとにも神経質になったり過敏になったりし
ている。事故を思い出すと身体が熱くなったり、どきどきした
りする。
などの症状が強く出ていました。
　それ以外では、事故発生後、別々の病院に救急搬送されたの
で他の同僚のことが心配。自分のミスで事故を起こしてしまっ
たとの自責や後悔の念。事故により操業を停止させてしまい迷
惑をかけてしまった。周りの人たちからはどのように思われて
いるのだろうか。復職できるのか？　復職した後、元のように
仕事ができるのか？　などの思いや気持ちが吐露されました。

その後のカウンセリング

　被災者３人の熱傷の程度に応じて６〜12カ月の間、面談を
重ね、①侵入症状、②回避症状、③過覚醒症状の軽減を確認し
ながら復職をサポートしていきました。
　最終的には、復職後に事故現場に行くことや同様の作業が無
理なくできるなど、被災者全員が事故前の状態に戻っていくこ

とができました。

第11章

キャリア支援・定年・ライフプラン

1　長期視点でのキャリア形成支援

相談者 Ａさん	男性　大卒　会社員　入社３年目　両親と３人暮らし

主　訴	異動先の業務量が多くこなせない。適応できずつらい。

▌相談室から

　ゴールデンウイーク明け、Ａさんが相談室に来て、次のようなことを話されました。

　「４月から異動になった内勤の部署の業務量が多くさばけません。自分には無理だと思って異動４日目に上司に訴えました。上司も、異動前の元上司も個別に面談をしてくれて『リラックスしてやりなさい。最初から完璧にやろうとするな』と言われましたが、リラックスなんてできません。先輩に相談したら『とりあえずわかるものだけやって課長に決済を回せ』と言われました。そういう仕事の仕方は好みませんが、とにかく未処理の山をなんとかしなければと仕方なく言われたとおりにしてみました。しかし、上司からは『もっと注意深くやるように』と言われました。自分は昔から緊張しやすいタイプなので、それがいけないとわかっているが変えられません」

　涙を流しながら仕事をこなせないくやしさ、罪悪感、この先の不

安などを語られました。

　面接時間が終わりに近づいたころ、カウンセラーから、2人の上司から指摘のあったという「～ねばならない」といった完璧主義の傾向について自覚があるか尋ねたところ、これまでも何度も言われたことがあり、自分でもそれが緊張につながり、結果として目の前のことに集中できなくなっていると話されました。そこで、リラックスして自分らしいパフォーマンスが発揮できるように、自分の考え方の癖を少し修正することをカウンセリングの目標として共有し、継続的なカウンセリングを行っていくことにしました。

　2回目の面談では、自分には「急ぐ」傾向があると気づかれました。特に、結果がすぐに出ることに対して強い期待があり、何かしようと思っても「すぐに」結果が出ないとじれったくなるとのこと。短期間で集中して結果を出すことはAさんにとっては苦ではなく、これまでもその点で評価されて生きてこられたようです。受験にしても、就職にしても、短距離走のような頑張り方で結果を出してこられたのです。しかし、就職後の仕事や人生はロングラン。長距離走という新しい種目に挑戦するようにキャリア形成を考えることについて話し合いました。

　週末を挟んだ3回目の面談では、出社したものの所属部署の部屋に入れなかったと話されました。先輩が別室で話を聴いてくれて、上司からも「慌てないで、焦らずに。今日は席についているだけでもいい」と優しい声かけがあったものの、なかなか部屋に入れなかったそうです。周囲の人が気にかけてくれているのに、確認が必要な案件を後回しにする自分を「情けない」「プライドが高い」と語り、「注意されると自分を否定されたように思ってしまう」と、内省を深めていかれました。受診を検討したいのでクリニックを紹

介してほしいと言われ、ご本人と相談のうえ通いやすそうな病院を紹介しました。

　4回目は、3回目から今日までの間に自分の日常やこれまでのことを振り返ったお話をされました。家族で外出の際にも母の準備が遅れているとイライラしてしまったことで、どうして自分は「すぐ」「早い」がとても良いことだと思うのかを考えてみたそうです。中学から高校卒業までの6年間、一度も休まず遅刻せずに皆勤賞をもらって、そのことがとてもうれしかったけれども、大人になったいまでも「学校に遅れる！」と慌てる夢を見てしまうのだそうです。他にも子どものころに怖いことや困ったことに対して、幼いながらに大人に甘えず恐怖心とたたかいながらいろいろと工夫をした経験があり、そのことも夢に見るそうです。

　カウンセラーが「親にも助けを求めず1人で頑張るお子さんだったんですね」と言うと、「助けて」と言わない子どもだったと思い返されました。一人っ子で、上の兄弟がいる友人をうらやましく思わないよう自分でなんでもやろうと思っていた幼少期の決意を語られました。積極的に自分で状況を切り開く力が伸びた半面、甘えるという経験が少なかった、好きなゲームに例えて「攻撃する武器はもっているが、身を守る盾をもっていない」と表現されたので、自分の身を守るための新しいアイテムをそろえてレベルアップしていくように、いままでとは違う人との接し方に少しずつ挑戦してみようということになりました。

　5回目、これまで早めに到着していたAさんは約束の時刻ぴったりに来室されました。この面談の前にも新しい人との接し方の実践として、友達との待ち合わせに早く行かないということもやってみたそうです。遅れるわけじゃないのに、そして遅れても大丈夫な間

柄なのにとても気持ちがざわざわして、到着するまで時計ばかりを見ていたそうです。病院に行くときも先生が「11時台に来てください」と言うと、11時50分でもいいのに11時に行ってしまう自分は相当「すぐ」の意識が強いと改めて気づいたとのことでした。

「早く、1人で」やらなければ。「オールマイティハイレベルパフォーマー」でいなければ。そんなふうについ思ってしまっていたけれども、異動先のいまの部署ではだれにも「急げ」と言われていなかったことにも気づかれました。「社会人になって何十年という単位でキャリアを作っていくという意識がなかった。長い期間を組織のなかでもっと他者とかかわり合って自立していく」と決意を語られ、カウンセリングを終結しました。

▌ 人事の方へ

現在、日本で教育を受けて成長してきた場合、多くは、就学してから6年＋3年＋3年＋4年といったように、連続して現れる短期目標をクリアしていく生活を経験してきています。その短期目標に一生懸命に取り組んで、乗り越えてきたからこそ、社会人になって初めて、人生がマラソンのように長く走り続けるものだと実感するというのは、合理化され高速化された現代社会で育った若者の特徴かもしれません。

このケースでご本人の周りにいる上司や先輩、同期の方たちがとても温かく「急がなくても大丈夫」と伝えてくれたことはとてもよい環境だったと思います。この受容されたなかにいたからこそ、解決を急ぎたいAさんが急ぎながらも自己探索して新しい生き方を身に付けようという心の余裕をもつことができたのだと思います。

そういった背景の下にカウンセラーが援助したのは、完璧主義で

やってはいけないという「〜しない」ではなく、新しい人との接し方を取り入れるという「〜をする」ということです。行動を変えるとき私たちは禁止事項をあげがちですが、無意識に行っていることを抑えるのは実はとても大変でストレスがかかります。やらないと決めたのにできなかったと、新たなストレスになることも少なくありません。こういう場合は「やめる」「なくす」ことよりも新しく何かを「取り入れる」ことをお勧めします。新しい様式が入った結果、必然的に古い様式が減っていくという考え方です。

　私たちは、自分が育ってきた文化や背景を脳が記憶しているので、つい同様のパターンをしてしまいがちです。管理職のなかには、昭和のころの「〜してはいけない」という指導で成長された方もまだ多くいらっしゃるでしょう。かつての自分が部下として体験していない指導方法で現代の部下や新入社員を指導育成するよりも、部下の行動変容を実現可能にするための具体的で効果的な指導方法について学び、また管理職同士で情報や意見の交換ができるような研修を取り入れられるとよいでしょう。

〈カウンセリングの経過〉　　　CL：クライエント　CO：カウンセラー

初回　　　　　　　　　　　　　　　　　　　○年５月中旬

CL：異動先の業務量が多くこなしきれない。自分には無理と訴えたけれども、上司たちは慌てなくてよいという。仕事はたまる一方でそれがどんどんプレッシャーになる。自分に対する否定感、仕事を完遂できない罪悪感、将来への不安が大きくなってつらい。

CO：異動して数日で思いがけず不適応を感じているいまのCLの心細さ、不安といった心情を受け止めつつ、自身の認知傾向

について考えていくことを共有した。また、不安が大きいようならと受診も勧めた。

2〜3回目 〇年5月下旬

CL：初回で気持ちを吐き出して少し冷静さを取り戻した気がする。自分は「すぐ結果が出る」ことを好む。出社したが仕事がたまっている自分の部屋になかなか入れなかった。注意されていないのに、注意されると否定された気になるので回避しようとしているかもしれない。

CO：出社したのに部屋に入れない自身へのもどかしさ、情けなさを受け止めつつ、少しずつCLが内省し自己探索を始めたことに寄り添った。精神科のクリニックについて情報提供した。

4回目 〇年6月上旬

CL：「早く」やることをよしとする自分の過去の経験を思い出した。これらの体験を重ねてきたことで、積極的に自分が切り開くという力はついた一方、それ以外の方法を知らない。クリニックで薬をもらったがあまり体調がよくないので再受診する。

CO：CLの自己探索と気づきに寄り添いながら、一緒に目標を明確化した。

2 役職定年とモチベーション、ライフプラン

| 相談者
Aさん | 男性　50代半ば　妻　40代後半　子ども　大学生2人
中堅部品メーカーの製造課長 |

| 主訴 | 来年4月より役職がなくなる。そのことを考えると仕事が手につかないこともあり、モチベーションが上がらず、複雑な気持ちになる。 |

▌相談室から

　ある日の就業時間終了後、Aさんが相談室にやって来ました。話を聴いていくと、Aさんは今年度いっぱいで役職定年を迎えることになり、「来年の4月より役職がなくなり、来年以降のことを考えると仕事が手につかないときもあり、モチベーションも上がらず複雑な気持ちになる」とのことでした。

　現在、Aさんには複数人の部下がいて、このうち年が一回り離れたBさんは、Aさんが30歳代半ばのときに新卒で入社して以来、一緒に仕事をしてきた方とのこと。AさんはBさんに対していつも厳しく指導して叱咤激励してきたとのことでした。Bさんは要領のよいタイプではなかったようですが、Bさんご本人の努力とAさんの厳しい指導が功を奏したためか、着実に力をつけ、現在は課長代理になっているとのことでした。

Ａさんは「実は来年からＢが私の上司になるんですよ、今後どう接したらよいか……人生の先輩として、会社の上司としていままで威張って接してきてしまったので……いまさら態度を変えられないし、周りの目もあるし、Ｂも自分がいるとやりづらいだろうしね」と困惑していました。Ａさんにもう少し話を詳しくうかがうと、役職定年によって権限も責任もなくなり、給与も下がり仕事のやりがいもなくなり、周りから目の上のたんこぶみたいに疎まれるのではないかとＡさん自身のプライドとの間で悩ましさを感じていました。

　Ａさんとの２回目および３回目のカウンセリングでは、１回目と異なる切り口の話が出てきました。Ａさんは妻のパートタイマーの収入と合わせれば、家族４人で生活するために十分な給与収入を得ることができていました。しかし、妻がパート先の人間関係に嫌気がさして、パートタイマーの仕事を今月末で退職するのだ、という話でした。Ａさんの妻はＡさんより５歳ほど若く10数年間にわたってパートタイマーとして勤務し、Ａさんは「妻はあと５年程度はいまの職場で働くだろう」と考えていました。Ａさんは「役職定年で来年から給与が20％程度減るんですよね、家のローンもまだあるし、下の子はまだ大学１年でお金がかかるしなぁ」と少し困った表情になりました。

　Ａさんは役職定年やその後の定年退職後、どのような働き方をしてどこに働きがいを見いだして、どこに生きがいを見いだし、どのように生きていくか、いままでほとんど考えたことがなかったとのことでした。そのようななか、Ｂさんをはじめとした部下との関係や家庭の状況もあり、複雑な気持ちになっていました。カウンセラーはＡさんの気持ちに寄り添いながら、Ａさんご自身の強みや価値観等についての自己理解促進、これからできること、やりたいこ

との整理等を一緒に進めました。そして、Ａさん同意の下、人事部門と連携してライフプランニングサポートを進めていくこととなりました。

▮ 人事の方へ

　中高年はさまざまな転機に直面します。転機のなかには突然到来するものもあれば、あらかじめわかっているものもあります。役職定年と定年退職は事前に予測しやすい転機ですので、これを迎える前にしっかりと準備しておくことが重要です。

　最近では、役職定年や定年退職の数年前、早い会社では50歳到達前にライフプランセミナーなどを実施し、年金、退職金、住宅ローン、キャリアプラン、マネープラン等について対象者に情報を提供し、対象者自らに考えてもらうような機会を設けている会社が増えてきています。このような転機の前後では、前述のＡさんの事例のように立場や環境が大きく変わるケースもあり、対象者のモチベーションコントロールや心のケアといった仕組みを制度に組み込んでおくことも重要です。優秀な人材がこのような転機に社外に流出することもあるため、制度および運用の両面から会社として従業員をしっかりサポートしていく姿勢をみせることが必要です。これにより従業員と会社の絆が強くなり、"この会社でがんばっていこう！"という気持ちが生まれることにもつながります。

　人生100年時代ともいわれる世の中になってきています。このようななか、ライフプランニングやキャリアプランニングの機会はますます重要さを増していますので、未実施の会社では、その必要性や中身を十分に吟味し、早めに準備されることをお勧めします。すでに準備されている会社でも、従業員はさまざまな世代が交じって

おり、仕事に対する価値観が異なっていたり、同じ世代でも育った環境や受けてきた教育、その他の事情の違いによりキャリアプランやライフプランへの関心度や準備状況は人によってまちまちです。自分がどのような人生を送りたいか、そのためには何を大切にするべきか、それを実現するためにはどのような計画を立てるべきかという今後のライフプランについて、多様な従業員一人ひとりが自発的に考えるためのきっかけを提供することが重要です。

　従業員に対して働きがいや生きがい、これからの働き方や生き方を考えてもらう場の提供はタイムリーに実施することが重要であり、さらに実施回数も非常に重要なポイントとなります。その組織や従業員の成熟度によっても異なりますが、早めの実施は従業員にとって自分のキャリアプランやライフプランをじっくり考えたり、準備する期間が長く取れるという点でよいことです。しかしながら、たとえば30歳のタイミングで1回セミナーを実施するだけでは効果が半減してしまいます。効果的なのは数年に一度、それが難しければ50歳時点で1回目、定年退職前々年度に2回目を実施するなど、セミナー等の機会を少なくとも2回は設け、さらにセルフ・キャリアドック制度を導入していくことです。

　セルフ・キャリアドック制度とは会社の人材育成ビジョンに基づき、従業員自身がキャリア形成を行うために重要となる「気づき」を支援し、年齢、就業年数、役職などの節目において、定期的にキャリアコンサルティングを受ける機会を設ける仕組みであり、これを整備していくことが重要です。そうすることで従業員の働きがい、生きがいを会社と共有し、一人ひとりがモチベーション高く、いきいきと仕事ができることにつながります。

〈カウンセリングの経過〉　　　CL：クライエント　CO：カウンセラー

初回

CL：役職定年後に部下が上司になる状況が迫っていて仕事の権限も責任範囲も変わり、モチベーションが上がらない。複雑な気持ちになる。

CO：状況および不安や複雑な思いを丁寧に傾聴し、気持ちに寄り添い、いままでがんばってこられたことを承認し、カウンセリングの継続を提案し、相談者に受け入れられた。

2回目

CL：自らの役職定年という転機を前に、妻がパートタイマーを退職する転機も重なり、いままでキャリアプランやライフプランをしっかり考えてこなかったことを後悔する。また、そのような場を提供してくれなかった会社に対しても不満がある。

CO：相談者の思いをじっくり傾聴し、いまから相談者と一緒にキャリアプランやライフプランを考えていくことを提案し、相談者に受け入れられた。

3回目

CL：いまの会社で仕事を続けていくべきか、他の選択肢も考えるべきか、これからいくら稼がなくてはいけないのか、どのような働き方をすればよいのか、家族のこともあり、考えるのが難しい。

CO：いままで相談者がやってこられたこと、できること、やりたいこと、価値観などの自己理解や仕事理解を深め、一緒に

整理した。家族状況や経済状況を踏まえたマネープランを含めたライフプランの考え方を共有した。（相談者は"少しずつプランを作っていくことができそう"とすっきりとした表情）

人事部門との連携

　相談者に同意を取ったうえで、今回の事例を基に制度としてのライフプランセミナーの前倒し実施および複数回実施の必要性を人事部門へ伝えた。人事部門は早急に検討し、次年度より対応するとのこと、また、セルフ・キャリアドック制度についても検討を始めるとのこと

第12章

管理職の悩み

1 部下の指導や面談の悩み

相談者 Aさん	男性　30代後半　大卒　会社員　妻と子ども2人

主　訴	昇進して管理職になったが、部下との面談がうまくできない。自分の仕事もできなくなり困っている。

▌相談室から

　管理職になって1年目のAさんからカウンセリングの電話予約が入り、翌日来室しました。中肉中背で顔色は少し青白くうつむき加減で話します。小声でぽつぽつと、以下のように話してくれました。

　1カ月休職しており、来月復帰する予定なのでなんとか仕事ができるようになりたい。

　入社以来、製造部門一筋でやってきて、4月に課長に昇進し、部下5人を任されました。いままでは、上の人の指示で教えられたことを一生懸命やっていればよかったのですが、初めて管理職になり、仕事の割振りや面談などどうしたらよいかわからず困っています。特に元上司が再雇用で自分の部下となり、いちいち口出しをするので仕事がやりにくいのです。

　6月ごろから自分の仕事が進まなくなり、部下との面談や管理な

どの仕事もできていません。8月ごろには職場で涙が出て止まらなくなり、机に座っているだけの状態でした。でも、休んだら終わりだと思い、出社し続けました。妻が心配してメンタルクリニックに同行してくれて、抑うつ状態と診断され、服薬しながら仕事をしていました。薬はどんどん強くなったが、症状は変わらなかったので別の医者に変えました。そこで、カウンセリングを勧められて相談室にきました。違う仕事に転職したほうがいいかもしれない、毎日同じことをして1人で完結する仕事がいいかなあと思う。このまま復職しても仕事ができません。自分は昇進したいと思っていませんでした、とつぶやきました。

　家族はパート勤めの妻と小学生2年の長女、5歳の次女との4人暮らしで仲良くやっています。とくに問題はなく、家は楽しい。妻に心配をかけたくないので、元気にしていなければなりません。ごろごろしていると怒られるので、朝も寝ていたいけれど起きています。早く復帰しなければと思うけれど不安です、とため息をつきました。

　仕事や部下指導が困難とのことなので、具体的に困っているところを丁寧に聴いていきました。

　部下は、それぞれ事情があり、仕事も手一杯な様子なので、しかたなく自分がやっているけれど抱えきれなくなりそのままになっているものも多い。1人は育休明けで時短勤務なので責任ある仕事や残業はさせられないし、若手の2人も仕事を覚えながらやっている状態だから無理はさせられません。1人は再雇用の元上司で、いちいち口出しをしてだめ出しされる気がします。部長に相談したいが部長も自分以上に忙しく、とても無理だと思う。結局どうしたらよいかわからず、ここまできてしまいました、とうなだれました。

健康状態と服薬の確認をし、仕事や家族について話して気持ちの整理をしてもらいました。また、Ａさんの性格傾向についても、過去のエピソードとともに振り返って説明していただきました。アセスメントとしてTEG*1（東大式エゴグラム）やSCT*2（文章完成法テスト）を使って性格を客観的に把握できるようかかわりました。TEGでは「W型」で「責任感、義務感が強い。周りの顔色をうかがう」傾向がみられました。SCTでは、「対人志向が強く、周りとの調和を大切にする、相手の気持ちを優先し断れない」などの性格傾向が確認できました。部下の様子を見て声かけに迷う、忙しそうだと思うと仕事を振れない、適切な指示が出せず自分が引き受けてしまう、というＡさん自身に気づいたようです。

　その後、「自分がどうなりたいのか」「どうありたいか」について質問すると、「自分は家族仲良く楽しく暮らしたいだけ。しかし、ローンもあるので、転職は困難だとわかっている」「なんとかしたい」「部下とコミュニケーションを取って信頼関係を作りたい」「必要な指示を的確に伝えたい」とのことでした。

　そこで、アサーション・トレーニングについて説明し、自分の主張をする大切さを理解してもらいました。また、部下面談（1 on 1）について、その目的は、リーダーとメンバーの間のコミュニケーションをオープンにし、リーダーとメンバーの結びつきを強くし、信頼関係を築くことにあると心得て取り組むことを確認しました。

　いままでの部下との面談を振り返りながら、「意見または気持ちを伝えるときの考え方」として、
①事実──実際に起こっていることを客観的に表現する。
②感情──そのことを自分がどう思っているかを表現する。

③提案／お願い——どうしてほしいか、どうしたらよいか。

④結果——そうなれば自分はどう思うか、どう感じるか。

を伝えることを理解してもらう。そして、傾聴についてロールプレイしながら練習してもらいました。

　まず、面談の意図について簡潔に説明し、そして、部下の話を聴くこと、相手の言いたいことをそのまま受け止めること、部下についてわからないことは「教えてもらう」姿勢で聴くこと、教えてもらったら要約して伝え、自分の意見や感想も入れて思いを伝えることなどの練習を行いました。

　練習を通して、管理職としての役割の確認、面談や指示の仕方、コミュニケーションの取り方を少しずつ理解していただきました。これらのことによって、自己理解が進み、自分を変えていきたいと前向きな姿勢がみられるようになり、休職2カ月後、復職して、いまは仕事に励んでいます。

▌人事の方へ

　定年の延長や再雇用制度により、役職を降りた後も長く働くケースが増え、いままで上司だった先輩が自分の部下になるということも珍しくなくなりました。そのような職場においては、口では「これからは君に任せるよ。自分は部下の立場だから、出すぎず見守りながら仕事がしやすいように協力するからね」などと言っていた元上司が、実際には事あるごとに口出しをし、いろいろと指導的な言葉を伝えてくることがあります。慣れない管理職としては、言うことを聞かざるを得ない気持ちになり、うまく部下に仕事のことを伝えたり面談をしたりすることが難しい現状があるようです。

　そのような後輩の立場で管理職になる社員に対して、管理職研修

のなかで、自己理解・他者理解を深める研修や自分のコミュニケーションの取り方の確認と整理などに取り組む必要があります。具体的には、話を聴く傾聴訓練、自分の言いたいことを相手に配慮しながら伝えるアサーション・トレーニングや人との出会い、本音と本音でかかわるエンカウンターグループ参加などによる練習などが有効です。人にかかわるときの自分の傾向や癖などを自覚することも重要です。

〈カウンセリングの経過〉　　　CL：クライエント　CO：カウンセラー

初回　　　　　　　　　　　　　　　　　　　　　〇年４月１週

CL：管理職になり、部下の指導や面談をしなければならないが、どうしたらいいかわからない。元上司が再雇用で自分の部下になり、いろいろ口出しされて困る。仕事もできなくなり転職したほうがいいのではないかと思う。職場で涙が流れてどうしようもなく、心療内科で抑うつ状態と診断された。薬を飲みながら仕事を続けたが、４月に休職になり来月復職予定。どうしたらいいか。

CO：昇進後の苦しさ、服薬しながら仕事に通うつらさを受け止めつつ、自分の気持ちの整理ができるようかかわる。休職中なのでゆっくり休む大切さを共有した。

２回目　　　　　　　　　　　　　　　　　　　　〇年４月２週

CL：学生時代は部活で上下関係が厳しかった。上から指示を厳しく伝えるのは簡単だが、部下の状況をみるとどうしたらよいかわからなくなる。どんなふうにコミュニケーションを取り面談したらよいのだろうか。

CO：部下との面談の難しさを傾聴しつつコミュニケーションの取り方、個人面談の意味の確認、話の聴き方について説明しロールプレイで練習を行う。

　次回までの宿題としてSCT用紙の記入の仕方を説明。

3回目　　　　　　　　　　　　　　　　　○年4月3週

CL：復職を前に不安だ。個人面談や仕事の振り方について少し考えてみた。自分の性格から遠慮していえないところがあると気づいた。役割を確認してやってみる。転職については少し調べたが、年収が半分ぐらいになってしまうのは困る。辞めることはできないと思う。

CO：TEG^{*1}とSCT^{*2}で性格傾向に気づいてもらうよう対応した。管理職の役割の確認と共有をし、ロールプレイで管理職と部下になり伝え方、聴き方の練習を行う。

　CLは「気を遣っているだけではだめ、思っていることを表現しないとだめですね。少しずつやってみよう」と口にした。カウンセリングの必要性を確認し、継続することにした。

＊1　TEGとは、Tokyo University Egogram（東大式エゴグラム）。
＊2　SCT（精研式文章完成法テスト）とは、文章完成法といわれる投影法の心理検査

2　管理職による部下との面談

> **相談者 Aさん**｜40代前半　既婚　妻と子ども１人の３人家族　高学歴だが昇格昇進は遅れている。

▌面談にて

　今回は、20人ほどの営業所所長から40人規模の支店長へ異動したときに、全員面談を行い、課題を解決していった事例を、上司の立場から紹介します。

●異動先での課題

　営業所長時代は、社員数の面からも部下の動き等は把握できる範囲でもあり、部下とのコミュニケーションは良好で、方針や指示、命令も部下には伝わっていたと感じていました。しかし、40人規模の支店に異動してからは部下の人数も増え、思うように部下とのコミュニケーションを図ることができず、どうやったら部下との距離が縮められるのか悩みました。考えた末、一人ひとりの社員と対話することで部下との距離を縮めることが重要であると考え、管理職からパート社員に至るまで全員との面談を定例的に実施することとしました。

●支店で働く人全員との面談

　面談にあたって留意したことは、次の点です。

　まず、「聴き役に徹しよう！」と決め、受容（無条件の肯定的受

入れ）・共感・自己一致といった「傾聴」の姿勢を第一として取り組み、自分自身の価値観や周りからの既成概念に縛られず、真っ白な気持ちで聴いていくことを心がけました。

そして、「寄り添う気持ち」を大切にして私がリードしながら進めるよりもそっとそばにいる感じで接しました。

また、部下との会話の量の割合は、部下が少なくとも6割以上になることを意識し、聴き役を心掛けました。

面談の場所については、応接間では堅苦しい雰囲気があったので緊張感がなく落ち着いて話せて、声が漏れない小会議室で実施しました。

このようにして、全員面談を実施した後、明らかになった課題がいくつかありました。

全体的に気になったのは、一人ひとりはとてもいい人ばかりなのに、表面的な付合いでしかなく、人間関係がとても希薄だと感じました。また、仕事についてはやらされ感があり、指示待ちの社員が多く存在するなど、全体的にまとまっていない状況でした。

そして、特に気になったのが、面接の中で批判や意見が多く出されたＡさんの存在でした。

Ａさんのパーソナリティは、一見社交的ではあるものの開き直り気味で自己中心的な傾向があり、仕事における生産性は高くない割に理屈が多いといった傾向がみられました。このようなことから同僚との関係性もぎくしゃくしており、ひとり浮いている感じでしたが、宴席等では明るく仕事中とは雰囲気が変わるという面もありました。

このような状況を把握できたので、まずはＡさんの動機づけを促し、モチベーションを向上させることで支店全体の活性化につなが

ると思い、Aさんとのかかわりを中心に意識していきました。ただし、他の社員との面談も継続的にやる必要があることから全員への面談を月例化するなど、職場全体としての取組みにしました。

●面談以外の職場での取組み

　面談を実施していくなかで、職場として次のような取組みを始めました。

　職場の中で自己開示をする場を設定することでお互いの理解が進展することを目的とした、朝礼での司会を全員の持ち回り制に変更。「1分間スピーチ」のコーナーを設ける等、みんなが表現できる環境を作り、自己開示を促しました。

　また、部下との公平な関係を基本とし、おとなしい引っ込み思案の社員には積極的にかかわり、昼食時間などでの声かけに努めました。そして、支店の成績向上よりも皆が助け合い、いきいきとした職場環境の確立が第一であることを、全員に説いていきました。

　さらに、職場では批判することより認めることを心がけ、目配り、声かけを意識して実施。私自身が自己開示を積極的に行いました。

　このような取組みを経て、ジョハリの窓にもあるようにお互いが共通して理解している領域が広がることで、職場の人間関係が円滑になり笑顔や笑い声が多くなっていきました。お互いを認め合うことで信頼の輪が広がり、職場の雰囲気が優しくなり、穏やかな空気が漂い始めました。

●面談で心がけたこと

・課題や問題に対して早急に解決しようと焦らないこと。
・表面的なことより内面に焦点を当て続け、共感的な理解で優しくこまやかにかかわること。
・無条件の肯定的な態度で、温かく接すること。

・部下の表明する知的、認識的内容だけでなく、感情の側面に注目
　して応答すること。
・指導やアドバイスを行うのではなく、部下のなかにある答えへの
　気づきをひたすら待つこと。
・メンタル的なかかわりのみでなく、キャリア的なかかわりも意識
　すること。
・起きている問題の表層ではなく、問題の根底にじっくり向き合う
　こと。
・部下との関係が依存的な関係とならないこと。
などです。

　正直、自分の価値観から部下を批判する気持ちもありましたし、
部下自身の気づきを待ちきれない思いや、過去の経験からアドバイ
スしたり指導したいという気持ちもありましたが、そのような気持
ちは横に置いて対応しました。特に、部下が話す知的、認識的内容
だけでなく、感情の側面に注意しました。なぜなら、知的な基盤で
応答すれば知的な脇道にそれやすくなるからです。また、指導や解
釈が的確であるほど相手は防衛的になり、抵抗してしまうことなど
にも気をつけました。

　面談を重ねていくうちに、愚痴中心だった面談内容が前向きとな
り、冷静に自分に向き合いながら自己理解が進み、主体的な行動変
容や将来に向けての前向きな気持ちも語られるようになりました。

　結果として、一人ひとりのモチベーションは高まり、支店全体が
チームワークといった信頼関係で結ばれることで生産性のシナジー
効果が進み、業績が向上したことで、ついには成績優秀店として本
社から表彰を受けました。そのことが全員の自信につながり、各人
の自立とさらなる成長のベクトルにつながっていきました。

人事の方へ

　上司と部下の関係において、カウンセリングの技法はかなり有効
であり必要なことですが、難しさも存在します。部下の気持ちや状
況に対するとらえ方、解釈が違っていた場合などは、自分の状況を
客観的に理解し、失敗を素直に認めることも必要です。長い沈黙に
耐えられない状況の時もあると思いますが、待つことにより展開が
開けてくることもありますし、効果的な質問により進める場合もあ
るでしょう。そして、部下との信頼関係が構築されていくなかで、
自らの自己開示によりさらに強固な信頼関係が形成されていきます。

　職場や社員は生き物であり、常に変化していることを改めて感じ
ました。その変化を感じ、捉えることで課題が見えてくると思いま
す。絶えず現状と向き合い、固定概念に縛られず変化に対応する姿
勢が大切だと感じました。

〈カウンセリングの経過〉　　　CL：クライエント　CO：カウンセラー

Aさんとの1回目の面談

CL：どことなく覇気がなく自分のことはあまりしゃべらない。
沈黙が多く質問に対して答えているような感じ。何か探られて
いるような感じがあり、早く終わりたい態度であった。
CO：面接におけるツールとして「コミュニケーションメモ」
を作成した。

2回目　　　　　　　　　　　　　　　　　　　　　　　1カ月後

CL：他人や事柄に対する愚痴や不満が多く語られたが、語る
ことで気持ちが落ち着いてきた感じ。「弱い自分をみせまいと

意地を張っていたが本当は素直になりたい」「会社のなかで孤
独感を味わってやるせない」「なかなか昇格や昇進しないこと
はつらく、同僚が昇格するたびに悔しい思いがあり、最近は年
下の社員が昇格する状況もありつらい」「やはり上をめざして
いきたい」など表面的な事柄よりも気持ちが語られてきた。

　同じ業務を長くやっており、他の業務に興味もありトライし
たい気持ちも芽生えてきた。他人に対する批判から自分の気持
ちに向き合うようになった。気持ちを言葉で語ることで無意識
な部分の意識化が図られてきた。

3回目　　　　　　　　　　　　　　　　　　　　2カ月後

CL：最近は皆と一緒に仕事をやっている感じがあり、やや明
るい雰囲気。会社に入社したときの気持ちが思い出され、やは
り昇格したい自分がいることに気づき、再度昇格にチャレンジ
したい思いが語られてきた。

　仕事のことばかりではなく家族に対する感謝の思いも語られ
始めた。自分と向き合うことで本来やりたい仕事や人生観が語
られてきた。自己肯定感が高まり過去の愚痴から将来に向けて
の前向きな姿勢が見受けられた。

第13章

その他の悩み

1　中途入社社員に悩む部長

相談者
Aさん | 男性　50代前半　独身　大卒　会社員

主　訴 | 国家資格を取得して転職してきた部下Bさんの業務習得度
が遅くて腹が立つ。

▌相談室から

　カウンセラーは人事部の部長であり、産業カウンセラー有資格者
として相談対応を行っています。今回の相談は、他部署の部長から
「A部長の部下から、『最近、部長の様子がおかしい。遅刻や欠勤が
あり、Bへの叱責が目立つ。なんとかしてほしい』と相談があっ
た」と、面談の依頼があったものです。A部長には、転職してきた
Bさんが配属される際に面談を行い、「有資格者だが業務経験がな
いので長い目で育成するように」と伝えていました。そこで、Bさ
ん配属後、半年経過状況のヒアリングとして面談を行いました。

　A部長は、「Bは業務の習得度が遅く、本当に資格を取ったのか。
信じられない」等と堰を切ったように不満を話し続けました。カウ
ンセラーはその感情を受け止め、状況の確認をしていきました。A
部長の感情が収まったところで「そんな状況だと寝つきも悪いのか
な？」と聞くと、「実は……」と次のことを話しました。

①１年ほど前から寝つきが悪い。とくに半年前にＢが配属されたこ
ろから悪化した。帰宅すると部下との関係がうまくいかないこ
と、部の目標が未達で、社長以下役員が私をどうみているか、そ
んな状況を部下がどうみているか等いろいろ気になり、寝つきが
悪く、夜中に目が覚めることがある。

②以前から眠れないことがあり、内科の医師（以下、主治医とす
る）から睡眠導入剤をもらい服用し、睡眠導入剤に頼ることが多
くなった。とくにストレスがたまると１日に既定量以上服用する
こともあり、多いときは２時間おきに服用し、10錠におよぶこと
もある。主治医からもらう薬では足らず、クリニックを数カ所
回ったがいまは難しくなっている。

③気を紛らわすためにハイボールを平日２缶、土日は４、５缶飲ん
でいる。

④朝起きるのがつらい、日中「ぼーっ」としたような感じのことが
ある。

⑤以前主治医から大学病院の精神科を紹介されたが、そんなに重い
状態ではないと自己判断して断った。

などと語りました。

　一段落したところで、「いまのままでは心配、明日主治医の診察
を受けていままでの経緯と状況を話し、大学病院の精神科の先生を
紹介してもらうこと、今後主治医の指示に従うこと」などを約束し
てもらいました。また、一人暮らしが心配なので週末は実家に帰る
よう勧めました。

　翌日、Ａ部長は主治医の診断を受け、大学病院の精神科を１週間
後に受診しました。実家には戻ったがいまの状況を話せなかったと
のことでした。本人の様子は、前回より幾分か落ち着いたようでした。

大学病院精神科で「睡眠導入剤の副作用として倦怠感、健忘症の症状が出ることがある。多量に飲むと危険、このまま多量に服用していたら倒れていたかもしれない」と言われ、怖くなったと語りました。

　話しぶりはやや落ち着いた様子で疲労感も和らいできて、やはり専門の医師に受診できたことで精神的に落ち着いたようでした。

　A部長は、「最初の面談でいろいろ話すことができた。あんなに話すつもりはなかったのに……。部長がよく聞いてくれたからかな」と、ふだん見せない真顔でつぶやきました。だれにも話せなかったことを話せて肩の荷が下りたようにうかがえたのが印象的でした。

　A部長との面談は当初2週間ごとに行っていましたが、精神科に通院後は原則受診のあった翌日に状況を確認することを踏まえて面談を行いました。

　産業医（月1回来社）とA部長との面談は双方の調整がつかず、産業医にメール等により逐次状況を伝えました。精神科医からの「多量の睡眠剤服用がA部長の不調の原因であり、休職までには至らない」との診断結果を伝えたところ、産業医から「急を要しない限り面談は不要、定期的に情報を提供してくれればよい」との返答がありました。

　大学病院に通院後2カ月経過してからは薬の量も減り、面談開始から6カ月後に治療終了となりました。しかし、その3カ月後、「マネジメントはどうも苦手、部下に自分と同じレベルを要求し、完成度が低いといらいらしてしまう。もう無理だ」との訴えがありました。

　そこで、担当役員や社長とも協議し、特命事項を担う部下のいない担当部長に異動させることとしました。異動してからは落着きを

取り戻して業務に励んでいます。

　部下のＢさんとも並行して面談し、Ａ部長の指導等について聞きました。「入社して２、３カ月は社内ルールや事務処理を習得するように指示がありました。４カ月目に入るといきなり案件を任されました。まだ不安もあり１人では難しいと伝えたのですが、『簡単な案件だからできるでしょう。わからないところがあれば同僚に聞いてやってみて』と突き放されました。同僚も忙しく、また有資格者として事細かに聞くのはどうかとためらいがあります。その後も案件を渡されるたびに『できて当たり前』といった態度が感じられ、『私を辞めさせたいからそうしているのですか？』と、Ａ部長に面と向かって言ってしまいました。その後、あまり口を利かず気まずい状況になっています」と後悔を込めて、今後どうしていけばよいかと不安な気持ちが語られました。

　そこで、ベテラン社員の指導が受けられるようにしたところ、打ち解けて仕事ができるようになっています。

▌ 人事の方へ

　資格を活かして働くというキャリアアップ志向の転職者が少なくありません。そのため、企業としてはカルチャーを確立しにくい反面、転職者にとっては会社のカルチャーになじみにくいということがあります。また、資格を取得していても、経験不足などから仕事のうえでの問題が発生することも少なくありません。中途入社で自身の能力やマネジメント力、業務の経験と実績不足という不安をもつ方もいます。また、人間関係などで苦しんだり部下を悩ませたりすることも起こっています。転職者はもちろん、周囲等への対応にも配慮が求められます。

今回は、A部長の状況についてA部長配下の社員にも説明するとともに、A部長配下のベテラン社員にBさんの指導を依頼しました。また、1カ月に1回程度Bさんと今後の当社におけるキャリアプラン等を含めた面談を行い、Bさんのモチベーション維持に努めるよう配慮しました。

　当初の面談の目的はA部長のBさんへの対応、部下育成、部全体のマネジメントについて話し合うことでしたが、メンタル面での対応を優先して対応することになりました。メンタル面での回復を第一とし、正常な判断力が戻ってから懸案事項を話し合うこととしました。A部長が一時的に相当精神的に追い込まれていることがわかり、すぐに主治医の診察を受けるよう強く約束をさせたことが早期回復につながったと思われます。気持ちを吐露してもらうところまでは産業カウンセラーとしての役割でしたが、その後の対応はプラス人事部長としての役割を場面に応じて切り替えながら対応しました。

　この事例の会社では、入社してくるのは既卒の有資格（士業）の中途採用者がほとんどです。有資格者は、自立心が強く自分のことは自分でという面が強いという特徴もふまえて対応しました。

　今回の事例では、ストレスチェックの集団分析で「上司・同僚の相談・支援」という項目が低く表れており、今後の課題として取り組んでいく必要があります。

　中小企業では大企業と違い、異動させるポストが少ないのが実態ではないでしょうか。今回A部長が最終的に異動できたのは社長にも働きかけてA部長、配下社員、会社のためになる異動案を迅速に立案、説明し、理解を得たことが大きいと思われます。

　カウンセラーを独自に導入することが困難な中小企業では、人事

部がその役割を担うことが多いと思います。産業カウンセラーの役割と人事部（＝会社）の役割の立ち位置を機会に応じて切り替えることが大切であることが示された事例でした。

　メンタル不調者が出た際には、本人へのケアだけでなく周囲への理解と協力が欠かせないこと、早めにリファーを行い情報共有していくことが肝要であることを改めて教えられた事例となりました。

〈カウンセリングの経過〉　　　CL：クライエント　CO：カウンセラー

初回　　　　　　　　　　　　　　　　　　　〇年10月△日

CL：部下Ｂは仕事ができない、本当に資格があるのか、腹が立って仕方がない。1年ほど前から眠れなくて睡眠導入剤を服用しているが、Ｂが来てから余計ひどく、夜何度も飲む。朝起きるのがつらいし、日中ぼーっとして困る。

CO：不満とつらさを傾聴し、体調と服薬の状況を確認する。主治医の受診と専門医の紹介依頼をするよう約束した。

2回目　　　　　　　　　　　　　　〇年10月△日＋2週間

CL：主治医にいままでのことを正直に話した。大学病院の精神科を紹介され、1週間後に受診することになった。実家に帰っているが、いまの状況を話すことはできない。

CO：主治医に話したことを支持、状況の確認、家族に話せないつらさを傾聴した。精神科医にカウンセリングの継続の可否を聞くよう伝えた。

3回目　　　　　　　　　　　　　　　　　　〇年11月△日

CL：大学病院精神科を受診した。睡眠導入剤の副作用の説明

を聞き、あのまま多量に飲んでいたら倒れていたと言われ、怖くなった。部長に面談で聞いてもらって、受診もできてよかった。だれにも話せなかったことを聞いてもらえ、胸のつかえがとれた。

CO：精神科受診の報告と体調の確認、怖さや安心した気持ちを受け止めた。

4回目　　　　　　　　　　　　　〇年11月△日＋3カ月

CL：マネジメントに自信がない。部下に自分と同じレベルを要求し、できないと腹が立ってどうしようもない。このままでは辞めるしかない…。

CO：自信喪失と怒りを受け止め、状況把握に努める。担当役員や社長と協議し、特命事項を担う部下なしの担当部長に異動とする。

2　派遣社員の悩み

| 相談者
Aさん | 女性　50代前半　独身　高卒　派遣社員（常勤　3カ月ごとの更新） |

| 主　訴 | 最近、仕事量が少なくなっている。いつまでこのような状況が続くのかわからず不安が大きい。数カ月前からお腹の調子も悪い。 |

▌相談室より

　ある日のお昼休み後、Aさんがカウンセリングの予約時間前に来室しました。Aさんは、おどおどと遠慮がちでありながらも、はっきりとした言葉で予約の確認をしてから椅子に座りました。伏し目がちに、周りの様子をうかがいながら、ゆっくりと話し始めました。

　「お腹の調子がよくない状態が続いています。食欲もありません。それに、職場で仕事がほとんどありません。私が担当しているのは専門的な仕事で、業務の必要があるときには社員から依頼がきます。基本的には上司からの依頼ですが、忙しいときは、同じ課の数名の社員から直接依頼を受け対応をしていました。でも最近は、組織全体としての仕事量が減っているからか、同じ課の社員からはもちろんのこと、上司からの依頼もほとんどありません。一日が長くてつらい。職場には、ほかにも担当部門の違う派遣社員が数人いま

すが、みんな楽しそうに話をしながら仕事をしています」

　職場の現状を思い浮かべ語りながら、つらさや悲しみ、納得のいかなさ、怒りなどさまざまな感情が話し方や目に表れていました。はじめは、出来事や現状について話していましたが、だんだんいまにつながる過去についても語り始めました。感情を激しく表すわけではありませんが、妙に落ち着いた静かな態度と語っている内容との差に、感情の深さを感じました。Ａさんは、いま自分がいる職場環境について具体的に語っていくに従い、しだいに数多くの感情を表現しました。

　カウンセリングを進めていくうちに、Ａさんは自分自身が職場環境や状況の変化へ適応できていないことや、何ごとにも受け身であることに気づきました。そして、雇用契約を結んでいる派遣会社との具体的な契約内容や就業規則について、自分自身の理解不足があることを反省するとともに、組織や上司が、職場内の雇用形態別の処遇制度について理解しているかを確認してほしいとの依頼がありました。カウンセラーは人事課と上司にＡさんの職場内の雇用形態別の処遇制度についてどのように理解しているかを確認し、情報をともに共有できていると相談しやすい関係や場が生まれていくことを伝えました。

　その後、Ａさんは上司と現状について話ができたことで安心し、穏やかな表情がみられるようになりました。自分自身についても振り返り、少しずつでも自分から変えていきたいと積極的で前向きな気持ちが生まれていました。今後のカウンセリングでは、自己理解を深めながら課題への具体的な取組みをともに検討していくことになりました。

人事の方へ

　現在の職場環境は、企業規模にかかわらず、正社員や契約社員、パートタイマー、アルバイト、派遣社員などさまざまな雇用形態の人が働いています。それぞれに、その雇用形態の働き方を選択している理由があり、管理職は、それらの人々をまとめて業務を遂行していくことが求められています。いわゆる年功序列型の人事制度に慣れ親しんだ会社では、雇用形態の違いによる偏見や差別は当たり前のことになっていて、あまり意識することがない職場もあるかもしれません。しかし、さまざまな雇用形態の人が働く職場だからこそ起こっている問題に対して、組織だけではなく個人での対応も求められているという現状があるのです。

　今回の事例は、同じ職場で、雇用形態が違い、待遇も違う人々が一緒に働く状況で起きました。このような職場では、同じことが起こっても意識や受止め方の違いが生まれやすいことが、あまり理解されておらず、しかもコミュニケーション不足であったことから起こった問題でした。

　組織や上司が、職場内の雇用形態別の処遇制度について理解しているかを確認してほしいとの依頼を受け、確認したところ、組織（人事）はおおむね理解しているが派遣社員は直接雇用ではないから、との意識があり、管理職は理解する以前に意識すること自体がない状況でした。組織と管理職は、多様な雇用形態だからこそ抱えやすい問題や、関係する雇用形態の処遇制度を理解して職場をマネジメントしていくことの重要性を意識し、コミュニケーションを取ってお互いの理解を深めていってほしいと思います。

　派遣元のルールや規則を理解せず、その派遣社員の問題に対応し

ていくことは難しいでしょう。管理職は、労務や雇用は総務人事の仕事だといっても、実際にものごとが起きるのは、自分の預かる部署内ですから、部下の雇用契約に関することは理解しておくべきです。

　派遣社員は直接雇用ではないからと別に考えても、ともに働く仲間であることには変わりはありません。さらに現場では、管理職がその個人をマネジメントして業務を進めていくのです。いろいろな働き方の人がいるということは、それぞれの立場での受止め方があると意識し、互いにコミュニケーションを取って理解に努めながらマネジメントしていくことの大切さをとても感じた事例でした。

〈カウンセリングの経過〉　　　CL：クライエント　CO：カウンセラー

初回　　　　　　　　　　　　　　　　　　　　○年1月△日

CL：最近は、職場ですることがない。職場全体の仕事量が減っているので、派遣社員に任せるべき業務がないのかもしれないが、何も与えられないのはつらい。お腹の調子が悪く、食欲もあまりない。

CO：カウンセリングについての説明と理解の確認を行う。CLの来室の目的と訴えを傾聴しながら、いまの心身の状態も確認。職場でのつらさ、むなしさなど気持ちの吐露を受け止める。体調面についての医師への対応を約束し、カウンセリングの継続を提案したところ希望があったので、次回を予約。

2回目　　　　　　　　　　　　　　　　　○年1月△日＋2週間

CL：専門的派遣のため派遣期間の制限はないが、3カ月ごとの更新。これまで長く勤めてきたなかでは、忙しいとき、上司

から求められれば、四方八方から飛び込んでくる仕事への対応を休み時間を削って、残業もいとわずできるだけ協力してやってきた（うっすらと涙をにじませる）。仕事において言うべきことは、はっきりと言ってきた。新しい上司になってからは、あまり指示もされないし会話もない。同僚は、おしゃべりしながら楽しそうに過ごしている。

CO：体調面については、受診して少し楽になっているという報告を聞く。傾聴しながら、職場環境の過去と現状について確認とともに、上司への不満と同僚への不快感などの気持ちの整理をする。

3回目 ○年1月△日＋4週間

CL：これまでの自分のがんばりや将来への漠然とした不安、上司が見て見ぬふりをすることなど話をしていくうちに、職場環境や状況が変わったのに、自分は変わらずこれまでのままで、仕事も人間関係づくりも受け身で、自分からかかわっていくことをせず相手に求めてばかりいる自分に気づいた。自分から積極的にかかわる同僚をみてうらやましさや嫉妬があったことにも気づいた。

　また、具体的な契約内容や就業規則についての理解不足への不安があることもわかった。

　一方で、上司にも職場内の雇用形態別の処遇制度について、わかっておいてほしいと思った。人事課は理解していると思うが、どうなのか確認してほしい。

　自分は、雇用契約を結んでいる派遣会社の具体的な契約内容

や就業規則を確認する。

CO：体調面については、かなりよい状態を確認。自らの問題をとらえ、自分自身の内面的な理解が深まっていることをフィードバック。雇用契約等について確認する決断と行動を支持と支援。

　人事課と上司に「職場内の雇用形態別の処遇制度について」確認・連携をしておくことを合意し、早期に行動することを伝える。

　次回のカウンセリングも予約。

カウンセラーから人事課と上司に連携　○年１月△日＋４週間
　CLの許可を得て、人事課と上司にCLの現状をつなぐ。

　働く現場に「同じ職場で働く人の雇用形態別の処遇制度について」わかっておいてほしいことや、情報を共有できていると相談しやすい場になることを伝える。

　人事課や上司の「職場内の雇用形態別の処遇制度について」の理解度を確認。雇用する側が、職場内の多様な雇用形態別のルールや規則を理解することで、職場内で起こる問題へのスムーズな対応につながることについて例をあげながら説明し、理解を深めてもらった。

　次回のカウンセリングのときに、CLに本日の報告することを伝える。

４回目　　　　　　　　　　　　　　　　　　　　○年２月□日
CL：上司から雇用契約の理解や業務内容について話があり、

現状について話をすることができた。上司や周りとの人間関係がいかに希薄で、自分から作っていく意識がなかったかがわかった。カウンセリングのなかで自己理解の大切さも実感した。自分から動くことの大切さとコミュニケーションについての自らの課題がわかったので、少しずつでも変えていきたいと思う。

CO：人事課と上司と連携し、確認した内容について報告。CLの気づきと前向きな気持ちを受け止め、新たな展望を支持し、自分が状況に応じた適切な行動をしているかどうかの自己理解を深めることや自らの周りへのコミュニケーションのあり方を振り返る取組みへの意欲を支持。交流分析（自己分析の方法の1つ）について説明。今後のカウンセリングでは、自己理解を深めながら課題への具体的な取組みをともに検討していく。

執筆協力 （あいうえお順、敬称略）

浅場道明　　　　シニア産業カウンセラー
荒川久美子　　　産業カウンセラー、国家資格キャリアコンサルタント、
　　　　　　　　公認心理師
伊藤とく美　　　シニア産業カウンセラー、公認心理師
伊藤美季　　　　シニア産業カウンセラー、2級キャリアコンサルティン
　　　　　　　　グ技能士、公認心理師
稲葉昌虎　　　　産業カウンセラー、2級キャリアコンサルティング技能士
鵜飼柔美　　　　シニア産業カウンセラー、1級キャリアコンサルティン
　　　　　　　　グ技能士
内山春美　　　　シニア産業カウンセラー、2級キャリアコンサルティン
　　　　　　　　グ技能士、公認心理師
大澤　昇　　　　シニア産業カウンセラー、臨床心理士
岡田敏雄　　　　シニア産業カウンセラー、国家資格キャリアコンサルタ
　　　　　　　　ント
金子美貴子　　　シニア産業カウンセラー、2級キャリアコンサルティン
　　　　　　　　グ技能士
菅野由喜子　　　シニア産業カウンセラー、公認心理師
北　孝詩　　　　シニア産業カウンセラー、1級キャリアコンサルティン
　　　　　　　　グ技能士
呉　葉子　　　　シニア産業カウンセラー、2級キャリアコンサルティン
　　　　　　　　グ技能士
桑原富美惠　　　シニア産業カウンセラー、1級キャリアコンサルティン
　　　　　　　　グ技能士
小林光子　　　　シニア産業カウンセラー、国家資格キャリアコンサルタ
　　　　　　　　ント
小牧榮里子　　　シニア産業カウンセラー
坂本　充　　　　シニア産業カウンセラー、2級キャリアコンサルティン
　　　　　　　　グ技能士
桜木桃子　　　　シニア産業カウンセラー、国家資格キャリアコンサルタ
　　　　　　　　ント、公認心理師
佐藤　進　　　　シニア産業カウンセラー
庄子芳宏　　　　シニア産業カウンセラー、1級キャリアコンサルティン
　　　　　　　　グ技能士

添田ひろ美	シニア産業カウンセラー、2級キャリアコンサルティング技能士、公認心理師、臨床心理士
武本明美	シニア産業カウンセラー、国家資格キャリアコンサルタント、公認心理師
立和名美保子	シニア産業カウンセラー、国家資格キャリアコンサルタント
田中晶子	シニア産業カウンセラー、2級キャリアコンサルティング技能士
田中節子	シニア産業カウンセラー、1級キャリアコンサルティング技能士
中江廣一	シニア産業カウンセラー、1級キャリアコンサルティング技能士、公認心理師
中川智子	シニア産業カウンセラー、2級キャリアコンサルティング技能士、公認心理師
中台英子	シニア産業カウンセラー、2級キャリアコンサルティング技能士、公認心理師
西田治子	シニア産業カウンセラー
濵田多美代	シニア産業カウンセラー
樋口てい子	シニア産業カウンセラー、国家資格キャリアコンサルタント、公認心理師
平野園恵	シニア産業カウンセラー、1級キャリアコンサルティング技能士、公認心理師
藤田るり	シニア産業カウンセラー
フライハイト	シニア産業カウンセラー、2級キャリアコンサルティング技能士
堀　安子	産業カウンセラー、国家資格キャリアコンサルタント
八木和子	シニア産業カウンセラー、2級キャリアコンサルティング技能士、公認心理師
安方　晃	産業カウンセラー、国家資格キャリアコンサルタント
山内麻紀子	シニア産業カウンセラー、国家資格キャリアコンサルタント

協会概要

名　称：一般社団法人日本産業カウンセラー協会
　　　　Japan Industrial Counselors Association（ＪＡＩＣＯ）
所在地：東京都港区新橋6-17-17　御成門センタービル６階
設　立：1960年11月（1970年４月　社団法人設立認可）
会員数（個人）：31,880人（2021年３月末現在）
賛助会員数（団体）：318社（2021年３月末現在）
協会ホームページ：https://www.counselor.or.jp

ＪＡＩＣＯ憲章
私たちは、人間尊重の精神に立ち、産業カウンセリングを通して、
働く人をめぐる組織と環境の調整、コミュニティの活性化に寄与
し、人びとが信頼と安心の絆で結ばれる社会づくりに貢献します。

日本産業カウンセラー協会の３つの活動領域

〈支部・事務所一覧〉

※全国を13のブロック・地域に分け、支部と事務所を設置（全国37カ所）

拠点名	郵便番号	住　所	TEL	FAX
本　部	105-0004	東京都港区新橋 6-17-17 御成門センタービル 6階	03-3438-4568（代表） 03-3438-1298（事業推進部直通）	03-3438-4487
北海道支部	060-0004	北海道札幌市中央区北四条西 7-1-5 NCO札幌ホワイトビル 3階	011-209-7000	011-209-7011
東北支部	980-0014	宮城県仙台市青葉区本町 2-6-15 チコウビル 503号	022-715-8114	022-715-8115
岩手事務所	020-0024	岩手県盛岡市菜園 1-3-6 農林会館 7階702号室	019-681-0380	019-681-0381
上信越支部	370-0006	群馬県高崎市問屋町 3-10-3 問屋町センター第 2ビル 3階	027-365-2575	027-395-5020
新潟事務所	950-0911	新潟県新潟市中央区笹口 2-12-10 アパ新潟駅南ビル 5階	025-290-3883	025-250-7141
長野事務所	380-0836	長野県長野市南県町 1041-3 新建新聞社第 3ビル 3階	026-237-2010	026-217-0464
北関東支部	330-0062	埼玉県さいたま市浦和区仲町 3-5-1 埼玉県民健康センター 2階	048-823-7801 048-823-7808（相談室直通）	048-823-7807
栃木事務所	320-0033	栃木県宇都宮市本町 10-3 TSビル 6階	028-650-5661	028-622-5660
東関東支部	277-0005	千葉県柏市柏 2-6-17 染谷エステートビル 3階	04-7168-7160 04-7168-7163（相談室直通）	04-7168-7180
千葉事務所	260-0028	千葉県千葉市中央区新町 18-12 第 8東ビル 501	043-204-8710 04-7168-7163（相談室直通）	043-204-8780
茨城事務所	312-0045	茨城県ひたちなか市勝田中央 14-8 ひたちなか商工会議所会館 305号室	029-353-5002 04-7168-7163（相談室直通）	029-353-5003
東京支部	151-0051	東京都渋谷区千駄ヶ谷 4-2-12 菱化代々木ビル 4階	03-6434-9130 03-6434-9326（相談室直通）	03-5772-3053
東京西事務所	190-0012	東京都立川市曙町 2-32-2 中山本社ビル 4階	042-540-0317 042-569-6010（相談室直通）	042-522-8725
山梨事務所	400-0811	山梨県甲府市川田町アリア 205 組合会館 2階	055-230-1331 055-244-2011（相談室直通）	055-222-6996
神奈川支部	231-0062	神奈川県横浜市中区桜木町 3-8 横浜塩業ビル 6階	045-264-9521 045-232-4234（相談室直通）	045-264-9013
中部支部	461-0005	愛知県名古屋市東区東桜 1丁目 9番 26号 IKKOパーク栄ビル 4階	052-618-7830	052-957-5651
静岡事務所	420-0853	静岡県静岡市葵区追手町 10-221-2 新中町ビル 2階	054-254-5151 054-254-5170（相談室直通）	054-254-5272
三重事務所	514-0009	三重県津市羽所町 513番地 サンヒルズ 2階	059-213-6960	059-213-6970
北陸事務所	920-0022	石川県金沢市北安江 3-4-2 北栄ビル 2階	076-224-9303	076-224-9304
関西支部	541-0053	大阪府大阪市中央区本町 1-4-8 エスリードビル本町 8階	06-4963-2357 06-6125-5596（相談室直通）	06-4963-2358
京都事務所	600-8492	京都府京都市下京区月鉾町 39-1 四条烏丸大西ビル 7階	075-212-9100	075-212-9102
兵庫事務所	650-0012	兵庫県神戸市中央区北長狭通 5-1-21 福建会館ビル 5階	078-367-5815	078-367-5816
中国支部	700-0815	岡山県岡山市北区野田屋町 2-11-13 旧岡山あおば生命ビル 4階	086-224-4050	086-234-1432
広島事務所	730-0016	広島県広島市中区幟町 3-1 第 3山県ビル 5階	082-223-7470	082-228-2658
山陰事務所	690-0886	島根県松江市母衣町 55-4 松江商工会議所ビル 5階	0852-28-9008	0852-28-9018
四国支部	790-0814	愛媛県松山市味酒町 1-3 四国ガス第 3ビル 7階	089-968-2800 089-945-8110（相談室直通）	089-968-2801
香川事務所	761-0301	香川県高松市林町 2217-15 香川産業頭脳化センタービル 4階411号室	087-816-8040	087-816-8041
高知事務所	780-0870	高知県高知市本町 4-2-31 アートセンタービル 1階	088-826-9880	088-826-9880
徳島事務所	770-0942	徳島県徳島市昭和町 3-35-1 徳島県労働福祉会館 6階	088-655-5800	088-655-5800
九州支部	812-0016	福岡県福岡市博多区博多駅南 1-2-15 事務機械ビル 6階	092-434-4433	092-434-4434
北九州事務所	802-0081	福岡県北九州市小倉北区紺屋町 13-1 毎日西部会館 9階	093-541-4750	093-541-4753
長崎事務所	850-0057	長崎県長崎市大黒町 9-22 大久保大黒町ビル本館 5階 502	095-823-2866	095-823-2867
熊本事務所	860-0802	熊本県熊本市中央区中央街 3-8 熊本大同生命ビル 9階 7号室	096-312-2005	096-312-2006
宮崎事務所	880-0802	宮崎県宮崎市別府町 6-17 KIWビル 1階	0985-29-7200	0985-29-7321
鹿児島事務所	892-0838	鹿児島県鹿児島市新屋敷町 16番 公社ビル 313号	099-216-8732	099-216-8733
沖縄支部	901-2131	沖縄県浦添市牧港 5-6-8 沖縄県建設会館 3階	098-975-6061	098-975-6066

※最新の所在地につきましては、協会ホームページを御覧ください。http://www.counselor.or.jp

2019 年 11 月発行

元気な職場づくりに役立つ相談事例集

2021 年 8 月 30 日　第 1 版　第 1 刷発行
2021 年 11 月 18 日　第 1 版　第 2 刷発行

定価はカバーに表示してあります。

編　者　　一般社団法人
　　　　　日本産業カウンセラー協会

発行者　平　　　盛　　　之

発行所　　㈱産労総合研究所
　　　　　出版部 経営書院

〒100－0014
東京都千代田区永田町 1 ― 11 ― 1　三宅坂ビル
電話03（5860）9799　振替00180-0-11361

印刷・製本　中和印刷株式会社

ISBN978-4-86326-317-8